AF275156

COLEX

GRACIAS POR CONFIAR EN COLEX

Disfrute gratuitamente **DURANTE UN AÑO** de los eBook, audiolibros y Colex Copilot de las obras de Editorial Colex*

ACTIVA TU CÓDIGO PARA ACCEDER A LOS SERVICIOS

1. Accede a **www.colex.es**.

2. Inicia sesión o regístrate como usuario.

3. Dirígete al menú de usuario y haz clic en **«Mis códigos»**.

4. Introduce el siguiente código **(RASCA PARA VER EL CÓDIGO)**:

- Una vez se valide el código, aparecerá una ventana de confirmación y su eBook / audiolibro / Colex copilot estarán activos **durante 1 año desde su activación** en la pestaña «Mis libros» en el menú de usuario.

* Los audiolibros están disponibles en las ediciones más recientes de nuestras obras. Se excluyen expresamente las colecciones «Códigos comentados», «Biblioteca digital» y los productos de www.vademecumlegal.es. Colex Copilot únicamente está disponible en las ediciones más recientes de las colecciones «Paso a paso» y «Vademecum».

No se admitirá la devolución si el código promocional ha sido manipulado y/o utilizado.

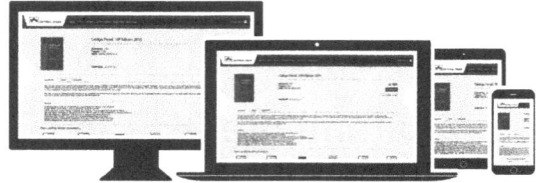

¡Gracias por confiar en nosotros!

La obra que acaba de adquirir incluye de forma gratuita la versión electrónica.

Acceda a nuestra página web para aprovechar todas las funcionalidades de las que dispone en nuestro lector.

Funcionalidades eBook

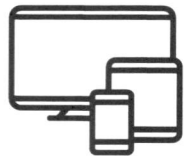

Acceso desde cualquier dispositivo con conexión a internet

Idéntica visualización a la edición de papel

Navegación intuitiva

Tamaño del texto adaptable

Síguenos en:

NUEVA FUNCIONALIDAD CON INTELIGENCIA ARTIFICIAL EN LOS LIBROS DE COLEX

| Una cortesía de Iberley.es |

En Colex damos un paso más en innovación jurídica. Desde ahora, las guías «Paso a paso» y los «Vademecum» incorporan una nueva funcionalidad basada en **inteligencia artificial**, gracias a la tecnología de **Iberley IA**.

El lector podrá interactuar directamente con el contenido del libro de forma inmediata, útil y centrada exclusivamente en su materia.

☑ **¿Qué puede hacer el usuario en el libro?**

- Realizar preguntas sobre el contenido del libro.

- Solicitar explicaciones de artículos, conceptos o normativa.

- Utilizar un ChatBot inteligente, contextualizado y acoplado al contenido legal del libro.

- Resolver dudas puntuales mientras se estudia o trabaja con la obra.

☒ **¿Qué no puede hacer esta versión del ChatBot?**

- ✗ No permite generar escritos jurídicos.

- ✗ No analiza ni responde documentos externos.

- ✗ No responde a consultas de otras materias distintas a la del libro.

Esta herramienta está pensada para enriquecer la experiencia de lectura y consulta del libro. Su uso es exclusivo sobre su contenido.

¿QUIERES IR MÁS ALLÁ? DESCUBRE IBERLEY IA

Si necesitas una **solución avanzada de inteligencia legal**, con cobertura total de materias y documentos, entra en **www.iberley.es** y accede a todas las funcionalidades profesionales:

CUADRO SIMBÓLICO DE FUNCIONALIDADES		
Funcionalidad	**En los libros Colex**	**En Iberley.es**
Preguntar sobre el contenido del libro	✓	✓
Solicitar explicaciones jurídicas	✓	✓
ChatBot integrado al contenido del libro	✓	✓
Consultas sobre otras materias	✗	✓
Análisis de documentos externos	✗	✓
Generación de escritos jurídicos	✗	✓
Traducción jurídica	✗	✓
Informes y resúmenes legales automáticos	✗	✓
Contratos, guías prácticas y emails para clientes	✗	✓
Estrategias judiciales y jurisprudencia instantánea	✗	✓

FISCALIDAD DE LAS FUNDACIONES

Análisis del régimen de tributación de las fundaciones y sus beneficios fiscales

FISCALIDAD DE LAS FUNDACIONES

Análisis del régimen de tributación de las fundaciones y sus beneficios fiscales

EDICIÓN 2025

Obra realizada por el Departamento de Documentación de Iberley

COLEX 2025

© Editorial Colex, S.L.
Calle Costa Rica, número 5, 3.º B (local comercial)
A Coruña, 15004, A Coruña (Galicia)
info@colex.es
www.colex.es

I.S.B.N.: 979-13-7011-238-7
Depósito legal: C 1221-2025

SUMARIO

ANEXO.
CASOS PRÁCTICOS

0.
INTRODUCCIÓN

Las fundaciones y su fiscalidad

El derecho de fundación para fines de interés general aparece recogido en el artículo 34 de la Constitución Española, estando la regulación de su ejercicio reservado a la ley en virtud del artículo 53.1 de la Constitución Española.

Por su parte, el art. 2 de la Ley 50/2002, de 26 de diciembre, conceptúa las fundaciones como organizaciones constituidas sin fin de lucro que, por voluntad de sus creadores, tienen afectado de modo duradero su patrimonio a la realización de fines de interés general. Además, establece que las fundaciones se regirán:

- Por la voluntad de su fundador.
- Por sus estatutos.
- Por la Ley.

Las fundaciones persiguen fines de interés general, conteniendo el artículo 3 de la Ley 50/2002, de 26 de diciembre, un listado a título de ejemplo, entre los que podemos citar los de defensa de los derechos humanos, de asistencia social e inclusión social, educativos, culturales, deportivos, fomento de la tolerancia, etc. Además, la finalidad fundacional debe beneficiar a colectividades genéricas de personas.

El art. 4 de la Ley 50/2002, de 26 de diciembre, de Fundaciones establece que la fundación va a tener la consideración de persona jurídica desde el mismo momento de la inscripción de la escritura pública de su constitución en el Registro de Fundaciones.

Las fundaciones cuentan con 3 principios de actuación regulados en el artículo 23 de la Ley 50/2002, de 26 de diciembre, que las obligan a:

- Destinar efectivamente el patrimonio y sus rentas a sus fines fundacionales.
- Dar información suficiente de sus fines y actividades para que sean conocidos por sus eventuales beneficiarios y demás interesados.
- Actuar con criterios de imparcialidad y no discriminación en la determinación de sus beneficiarios.

Para conocer el régimen fiscal de las fundaciones hay que acudir a la ley reguladora de cada impuesto, y a la Ley 49/2002, de 23 de diciembre, de régimen fiscal de las entidades sin fines lucrativos y de los incentivos fiscales al mecenazgo, que regula su régimen fiscal especial, que contiene buena parte de los beneficios y especialidades que pueden aplicar las fundaciones y que les suponen determinadas ventajas fiscales.

Esta ley, además de regular el régimen fiscal propio de las entidades sin fines lucrativos (entre las que se incluyen las fundaciones), también persigue establecer un conjunto de incentivos que son aplicables a la actividad de mecenazgo, entendiendo por mecenazgo la participación privada en la realización de actividades de interés general.

Con relación a la aplicación de esta ley conviene destacar las siguientes reglas:

- Se aplicarán las normas tributarias generales en lo no previsto por la Ley 49/2002, de 23 de diciembre.
- Lo regulado en ella se entenderá sin perjuicio:
  » De los regímenes tributarios forales de Concierto y Convenio Económico en vigor, respectivamente, en los territorios Históricos del País Vasco y en la Comunidad Foral de Navarra.
  » De lo dispuesto en los tratados y convenios internacionales que hayan pasado a formar parte del ordenamiento interno.
- El régimen fiscal especial que contempla es voluntario.

1.
LAS FUNDACIONES

1.1. Concepto y naturaleza

Fundaciones: concepto, régimen legal, constitución y patrimonio

El art. 34 de la Constitución española (CE) **reconoce el derecho de funda-ción para fines de interés general**, con arreglo a la ley. Por su parte, el apar-tado 1 del art. 53 de la CE **reserva a la ley** la regulación del ejercicio de los derechos y libertades reconocidos en el capítulo segundo del título I, entre los que se encuentra el de fundación.

El art. 2 de la Ley 50/2002, de 26 de diciembre, conceptúa las **fundaciones** como **organizaciones** constituidas **sin fin de lucro** que, por voluntad de sus creadores, tienen **afectado** de modo duradero su **patrimonio** a la realización de **fines de interés general**. El art. 4 de la Ley 50/2002, de 26 de diciembre, de Fundaciones, establece que la fundación va a tener la consideración de **persona jurídica desde** el mismo momento de **la inscripción** de la escritura pública de su constitución en el **Registro de Fundaciones**.

A TENER EN CUENTA. La inscripción solo podrá ser negada cuando la escritu-ra de constitución no se ajuste a las prescripciones de la ley.

1.2. Fines y beneficiarios

Los **fines que deben perseguir** las fundaciones han de ser de **interés general**, como pueden ser los de defensa de los derechos humanos, las víctimas de terrorismo y actos violentos, asistencia social, etc. En cualquier caso, su finalidad debe **beneficiar a colectividades genéricas de personas**, en ningún caso se podrán constituir fundaciones con la finalidad principal de destinar sus prestaciones al fundador o a los patronos, a sus cónyuges o personas ligadas con análoga relación de afectividad, o a sus parientes hasta el cuarto grado inclusive, así como a personas jurídicas singularizadas que no persigan fines de interés general.

Régimen legal de las fundaciones

La regulación principal de las fundaciones en nuestro ordenamiento jurídico se encuentra en la Ley 50/2002, de 26 de diciembre, que **aclara y unifica** las reglas sobre fundaciones —normas preexistentes que estaban sistematizadas de forma confusa y dispersa— persiguiendo **tres objetivos** principales:

- Reducir la intervención del gobierno en la operativa de las fundaciones.
- Facilitar los procesos administrativos, especialmente en temas económicos.
- Promover y fortalecer la actividad de las fundaciones.

La Ley 50/2002, de 26 de diciembre, contiene **preceptos reguladores de las fundaciones de competencia estatal junto a otros dirigidos a todas las fundaciones**. Siendo necesario establecer una delimitación precisa de los distintos tipos de normas, la disposición final primera enumera los preceptos que son de aplicación a todas las fundaciones, sean estatales o autonómicas, señalando al respecto:

«1. Los artículos 2, 3.1, 2 y 3; 4; 14; 31 y 34.1 constituyen las condiciones básicas para el ejercicio del derecho de fundación reconocido en el artículo 34, en relación con el 53, de la Constitución, y son de aplicación general al amparo de lo previsto en el artículo 149.1.1.ª de la Constitución.
2. a) Los artículos 6, 7 y 37.4 son de aplicación general al amparo de lo previsto en el artículo 149.1.1.ª y 8.ª de la Constitución.
b) Los artículos 5, 8, 9, 10, 11, 12, 13, 17.1 y 2, 18.1.2. y 4, 19.1, 22,1 y 2, excepto el último inciso 29.1, 2, 3 y 5, 30.1, 3 y 4, 32, 32 bis y 42 constituyen legislación civil y son de aplicación general al amparo de lo previsto en el artículo 149.1.8.ª de la Constitución, sin perjuicio de la aplicabilidad preferente del Derecho Civil Foral o Especial, allí donde exista.
3. Los artículos 17.3; 18.3; 21.3, segundo párrafo; 22.2, último inciso, 35.2y 43, constituyen legislación procesal, y son de aplicación general al amparo del artículo 149.1.6.ª de la Constitución.
4. Los restantes preceptos de la Ley serán de aplicación a las fundaciones de competencia estatal».

En esta exposición nos centraremos en la **regulación de las fundaciones de competencia estatal**, sin perjuicio de que en un epígrafe posterior hagamos un breve análisis de la regulación autonómica.

1.3. Su constitución

¿Cómo se constituye una fundación?

La creación de fundaciones en España se regula en los artículos 8 a 13 de la Ley 50/2002, de 26 de diciembre.

|| Sujetos capacitados

Según el art. 8 de la Ley 50/2002, de 26 de diciembre, tienen **capacidad para crear** una fundación:

- Las personas físicas que pueden disponer gratuitamente, ya sea por acto *inter vivos* o *mortis causa*, de los bienes y derechos en que consista la dotación.

- Las personas jurídicas privadas de índole asociativa, que requerirán el acuerdo expreso del órgano competente para disponer gratuitamente de sus bienes de conformidad con la normativa que le resulte de aplicación.

- Las personas jurídicas privadas de índole institucional deberán contar con el acuerdo de su órgano rector.

- Las personas jurídico-públicas pueden crear fundaciones, a menos que sus propias leyes lo impidan.

|| Modalidades de constitución

La fundación **puede constituirse de dos formas,** de conformidad con lo dispuesto en el art. 9 de la Ley 50/2002, de 26 de diciembre:

- *Inter vivos:* durante la vida del fundador, por medio de un documento oficial (escritura pública).

- *Mortis causa:* a través de un testamento después de la muerte del fundador, siguiendo las mismas normas del documento oficial.

CUESTIÓN

¿Qué sucede si el testamento no cumple con los requisitos de la escritura fundacional?

El artículo 9.4 de la Ley 50/2002, de 26 de diciembre, establece que para la constitución por acto *mortis causa*, el testamento ha de cumplir los requisitos de la escritura fundacional. En los casos en que no se cumpla esta condición, sino que el testamento tan solo recoja la voluntad del causante de crear la fundación y los bienes y derechos que destina a este fin, será el albacea testamentario y, en su defecto, los herederos testamentarios, los que otorgarán escritura pública en la que se contengan los demás requisitos. En caso de que éstos no existieran o incumplieran esta obligación se otorgará por el protectorado, previa autorización judicial.

|| Escritura fundacional

El art. 10 de la Ley 50/2002, de 26 de diciembre, determina el **contenido mínimo de la escritura de constitución**, en la que deberán constar:

- Los datos del fundador: nombre, edad, nacionalidad, etc.

- La intención de crear la fundación.
- La dotación, su valoración y la forma y realidad de su aportación.
- Los estatutos de la fundación.
- Información sobre quienes formarán el patronato (órgano que dirige la fundación).

|| Estatutos de la fundación

En cuanto al **contenido de los estatutos,** el art. 11 de la Ley 50/2002, de 26 de diciembre, recoge un **listado no exhaustivo** de menciones a incluir:

- Nombre y fines de la fundación.
- Domicilio y zona de actuación.
- Gestión de los recursos y determinación de los beneficiarios.
- Composición y funcionamiento del patronato.

En caso de que alguna de las disposiciones de los estatutos sea contraria a la ley se tendrá por no puesta y, en caso de que afecte a la validez constitutiva de la fundación, no procederá la inscripción de la fundación en el correspondiente Registro de Fundaciones.

|| Dotación

Para la constitución de la fundación será precisa la aportación a esta de una **dotación** compuesta por bienes y derechos en cantidad suficiente para el cumplimiento de los fines fundacionales. Según el apartado 1 del art. 12 de la Ley 50/2002, de 26 de diciembre, se presumirá **suficiente** la dotación cuando su valor económico alcance los **30.000 euros** (si la dotación es inferior, el fundador debe justificar su adecuación mediante un programa de actuación y un estudio económico).

Para las aportaciones **dinerarias**, la ley permite que se efectúe de manera sucesiva con un desembolso inicial de al menos el 25 % de la dotación, desembolsando el resto en un plazo máximo de cinco años desde el otorgamiento de la escritura pública de constitución. Por su parte, las aportaciones **no dinerarias** deberán ir tasadas por un experto independiente. También se aceptan compromisos de aportaciones de terceros siempre que consten en títulos ejecutivos. Una vez constituida la fundación y durante su existencia, podrán seguir dotándose bienes y derechos.

Tanto en la aportación dineraria como no dineraria deberá acreditarse o garantizarse la realidad ante el notario autorizante, en los términos que reglamentariamente se establezcan.

> **A TENER EN CUENTA**. No se considerará dotación el mero propósito de recaudar donativos.

La ley establece que también forman parte de la dotación las aportaciones de bienes y derechos de contenido patrimonial que se realicen durante la existencia de la fundación por el fundador o por terceras personas, o que se afecten por el patronato, con carácter permanente, a los fines fundacionales.

|| Inscripción registral

Una vez que se haya otorgado la escritura fundacional el **patronato será el encargado de realizar los actos necesarios para su inscripción**. Además, realizará los actos que sean indispensables para la conservación de su patrimonio y los que no admitan demora sin perjuicio para la fundación, los cuales se entenderán automáticamente asumidos por la fundación cuando obtenga la personalidad jurídica.

Si la fundación no se inscribe en **seis meses**, los patronos podrán ser cesados por el protectorado. Los **patronos cesados responderán solidariamente** de las obligaciones contraídas en nombre de la fundación y por los perjuicios que ocasione la falta de inscripción. El protectorado será el encargado de nombrar nuevos patronos, previa autorización judicial, los cuales asumirán la obligación de inscribir la fundación en el Registro de Fundaciones.

1.4. El gobierno y el patrimonio de la fundación

El gobierno de las fundaciones

El **órgano de gobierno y representación** de las fundaciones es el **patronato,** el cual adopta sus acuerdos por mayoría en los términos que se hayan establecido en los estatutos. Este órgano es el responsable de cumplir los fines fundacionales y administrar con diligencia los bienes y derechos que integran el patrimonio de la fundación, manteniendo el rendimiento y utilidad de los mismos.

A los miembros del patronato se les denomina **patronos**, y los mismos podrán ser **personas físicas** que tengan plena capacidad de obrar y no estén inhabilitadas para el ejercicio de cargos públicos. Los patronos deben aceptar el cargo expresamente en documento público, en documento privado con firma legitimada por notario o mediante comparecencia ante el Registro de Fundaciones. Asimismo, la aceptación se podrá llevar a cabo ante el patronato, acreditándose a través de certificación expedida por el secretario, con firma legitimada notarialmente. La aceptación se notificará formalmente al protectorado y se inscribirá en el Registro de Fundaciones.

El cargo de patrono que recaiga en una persona física deberá **ejercerse personalmente**. No obstante, para actos concretos podrá actuar en su nombre y representación otro patrono por él designado, debiendo éste ajustarse a las instrucciones que, en su caso, el representado formule por escrito.

El ejercicio del cargo de patrono será **gratuito** sin perjuicio de que puedan ser reembolsados los gastos debidamente justificados que el cargo les ocasione en el ejercicio de su función. Ahora bien, salvo que el fundador hubiera dispuesto lo contrario, el patronato podrá fijar una retribución adecuada a aquellos patronos que presten a la fundación servicios distintos de los que implica el desempeño de las funciones que les corresponden. Para poder establecer esta retribución es necesaria la previa autorización del protectorado.

CUESTIONES

1. ¿Pueden las personas jurídicas formar parte del patronato?

Sí, para ello deberán designar a la persona o personas físicas que las representen en los términos que establezcan los estatutos de la fundación.

2. ¿Cómo se organiza el patronato?

De acuerdo con el artículo 15 de la Ley 50/2002, de 26 de diciembre, el patronato está constituido por un mínimo de 3 miembros que elegirán entre ellos un presidente. Además, el patronato deberá nombrar un secretario que será el encargado de la certificación de los acuerdos, este cargo podrá recaer en una persona ajena a aquél, en cuyo caso tendrá voz, pero no voto.

Patrimonio de las fundaciones

El art. 19 de la Ley 50/2002, de 26 de diciembre, indica que el patrimonio de una fundación está formado por «(...) *todos los bienes, derechos y obligaciones susceptibles de valoración económica que integren la dotación, así como por aquellos que adquiera la fundación con posterioridad a su constitución, se afecten o no a la dotación»*. Del citado patrimonio **es titular la fundación**.

La **administración** de este patrimonio es responsabilidad del **patronato**, que debe seguir lo establecido en la ley y en los estatutos de la fundación. La fundación debe estar **registrada como titular** de sus bienes, y **todos los años** debe hacerse un **inventario**.

Los bienes y derechos de la fundación se entienden directamente vinculados al cumplimiento de los fines fundacionales, cuando así conste en:

- Declaración de voluntad expresa del fundador, del patronato o de la persona física o jurídica, pública o privada que voluntariamente los aporte.
- Resolución motivada del protectorado o de la autoridad judicial.

Para **enajenar o gravar los bienes y derechos que formen parte de la dotación, o estén directamente vinculados al cumplimiento de los fines fundacionales**, la fundación necesitará la **autorización** previa de su **protectorado**, que sólo la otorgará si media **justa causa**. El patronato deberá comunicar al protectorado en el plazo máximo de 30 días hábiles desde su realización los siguientes actos sobre bienes o derechos que no formen parte de la dotación o que no se encuentren directamente vinculados al cumplimiento de los fines fundacionales (art. 17.2 del Real Decreto 1337/2005, de 11 de noviembre):

- Los actos de disposición, a título oneroso o gratuito, cuyo importe sea superior al 20 % del activo de la fundación que resulte del último balance aprobado.
- Los actos de disposición o de gravamen que recaigan sobre bienes pertenecientes a alguna de las siguientes categorías: bienes inmuebles, establecimientos mercantiles o industriales, bienes declarados de interés cultural por la Administración General del Estado o por las comunidades autónomas.

En el caso de aceptación de **herencias por las fundaciones**, esta se entenderá hecha siempre a **beneficio de inventario**. En caso de **aceptar legados con cargas o donaciones onerosas o remuneratorias** o de **repudiar** herencias, donaciones o legados **sin cargas**, el patronato está obligado a **informar** al protectorado en un plazo de **diez días** hábiles. El protectorado tiene la facultad de ejercer acciones de responsabilidad contra los patronos si se comprueba que los actos del patronato han perjudicado a la fundación, de acuerdo con lo que estipula esta ley.

1.5. Funcionamiento y actividades de la fundación: ¿puede desarrollar actividades económicas?

Regulación del funcionamiento y actividad de las fundaciones

En la regulación del funcionamiento de las fundaciones comienza el artículo 23 de la Ley 50/2002, de 26 de diciembre, estableciendo los **principios de actuación** a los que se encuentran sometidas las fundaciones, y señalando que las mismas están obligadas a:

- Destinar efectivamente el patrimonio y sus rentas a sus fines fundacionales.
- Dar información suficiente de sus fines y actividades para que sean conocidos por sus eventuales beneficiarios y demás interesados.
- Actuar con criterios de imparcialidad y no discriminación en la determinación de sus beneficiarios.

Por su parte el artículo 24 de la Ley 50/2002, de 26 de diciembre, establece la posibilidad de que las fundaciones desarrollen **actividades económicas** cuyo objeto esté relacionado con los fines fundacionales o sean complementarias o accesorias de las mismas. En este caso estarán sometidas a las normas que regulan la defensa de la competencia.

También podrán **participar en sociedades mercantiles** en las que no se responda personalmente de las deudas sociales. Cuando esta participación sea mayoritaria deberán dar cuenta al protectorado en cuanto dicha circunstancia se produzca.

CUESTIÓN

¿Qué sucede si la fundación recibe alguna participación en sociedades en que deba responder personalmente?

En el supuesto de que la fundación reciba por cualquier título alguna participación en sociedades en las que deba responder personalmente de las deudas sociales, deberá enajenar dicha participación salvo que, en el plazo de 1 año, se produzca la transformación de tales sociedades en otras en las que quede limitada la responsabilidad de la fundación.

|| Contabilidad

Las fundaciones deberán llevar una **contabilidad ordenada y adecuada** a su actividad de tal forma que permita hacer un seguimiento cronológico de las operaciones realizadas. Para ello el artículo 25 de la Ley 50/2002, de 26 de diciembre, les impone la obligación de llevar un libro diario, un libro de inventarios y cuentas anuales.

Las **cuentas anuales deberán ser aprobadas por el patronato** en el plazo máximo de 6 meses desde el cierre del ejercicio. Éstas deben ser redactadas con claridad y mostrar la imagen fiel del patrimonio, situación financiera y resultados de la fundación. Las cuentas anuales comprenden:

- El balance.
- La cuenta de resultados.
- La memoria.

La **memoria** además de completar, ampliar y comentar la información contenida en el balance y en la cuenta de resultados, incluirá:

- Las actividades fundacionales, las cuales figurarán detalladas con los requisitos que se establezcan reglamentariamente
- Los cambios en sus órganos de gobierno, dirección y representación.
- El grado de cumplimiento del plan de actuación, indicando los recursos empleados, su procedencia y el número de beneficiarios en cada una de las distintas actuaciones realizadas.
- Lo convenios que se hayan llevado a cabo con otras entidades.
- El grado de cumplimiento de las reglas establecidas en el artículo 27 de la Ley 50/2002, de 26 de diciembre, relativas al destino de las rentas e ingresos.
- Inventario de los elementos patrimoniales.

Las cuentas anuales podrán formularse en los **modelos abreviados** cuando cumplan los requisitos establecidos por la ley para las sociedades mercantiles. En este caso la referencia del importe neto de la cifra anual de negocios, a que se refiere la legislación mercantil, se entenderá realizada al **importe de volumen anual de ingresos por la actividad propia** más, si procede, la **cifra de negocios de su actividad mercantil**.

El modelo de llevanza simplificado de la contabilidad se desarrollará reglamentariamente y **podrá ser aplicado** por las fundaciones en las que, al cierre del ejercicio, se cumplan al menos **dos de las siguientes circunstancias**:

- Que el total de las partidas del activo no supere los 150.000 euros, debiendo entender por total activo el total que figura en el modelo de balance.
- Que el importe del volumen anual de ingresos por la actividad propia, más, en su caso, el de la cifra de negocios de su actividad mercantil, sea inferior a 150.000 euros.

- Que el número medio de trabajadores empleados durante el ejercicio no sea superior a 5.

La fundación estará obligada a someter a **auditoría externa** las cuentas anuales de todas las fundaciones en las que, a fecha de cierre del ejercicio, concurran al menos dos de las circunstancias siguientes:

- Que el total de las partidas del activo supere los 2.400.000 euros.
- Que el importe neto de su volumen anual de ingresos por la actividad propia más, en su caso, el de la cifra de negocios de su actividad mercantil sea superior a 2.400.000 euros.
- Que el número medio de trabajadores empleados durante el ejercicio sea superior a 50.

A TENER EN CUENTA. En caso de que al cierre del ejercicio la fundación pase a cumplir, o bien cese de cumplir dos de las citadas circunstancias para la llevanza simplificada de la contabilidad o para el sometimiento a auditoría externa, tal situación únicamente producirá efectos si se repite durante dos ejercicios consecutivos.

Las cuentas anuales se aprobarán por el patronato de la fundación y se presentarán al protectorado dentro de los diez días hábiles siguientes a su aprobación, debiéndose acompañar, en su caso, del informe de auditoría. Una vez que las haya examinado y comprobado su adecuación formal a la normativa vigente, el **protectorado procederá a depositarlas en el Registro de Fundaciones.**

Así mismo, el patronato elaborará y remitirá al protectorado, en los últimos tres meses de cada ejercicio, un **plan de actuación**, en el que queden reflejados los objetivos y las actividades que se prevea desarrollar durante el ejercicio siguiente.

En caso de que **se realicen actividades económicas, la contabilidad de las fundaciones se ajustará a lo que establezca el Código de Comercio,** debiendo formular cuentas anuales consolidadas cuando la fundación se encuentre en cualquiera de los supuestos allí previstos para la sociedad dominante. En cualquier caso, se deberá incorporar información detallada en un apartado específico de la memoria indicando los distintos elementos patrimoniales afectos a la actividad mercantil.

|| Ingresos de las fundaciones

Las fundaciones **podrán obtener ingresos por sus actividades** siempre que ello no implique una limitación injustificada del ámbito de sus posibles beneficiarios. Ahora bien, debe tenerse presente que el artículo 27 de la Ley 50/2002, de 26 de diciembre, establece el **destino que ha de darse** a esas rentas e ingresos.

En primer lugar, establece que, a la **realización de los fines fundacionales deberá destinarse, al menos, el 70 %** de los resultados de las explotaciones económicas que se desarrollen y de los ingresos que se obtengan por cualquier otro concepto, deducidos los gastos realizados, para la obtención de tales resultados o ingresos, debiendo destinar el resto a incrementar bien la dotación o bien las reservas según acuerdo del patronato. El **plazo para el cumplimiento** de esta obligación será el comprendido entre el **inicio del ejercicio en que se hayan obtenido** los respectivos resultados e ingresos **y los cuatro años siguientes** al cierre de dicho ejercicio.

Los **gastos deducibles** para determinar la cuantía de resultados e ingresos podrán estar integrados, en su caso, por la parte proporcional de los gastos por servicios exteriores, de los gastos de personal, otros gastos de gestión, gastos financieros y de los tributos, en cuanto contribuyan a la obtención de los ingresos, excluyendo de este cálculo los gastos que se hayan realizado para el cumplimiento de los fines estatutarios.

> **CUESTIÓN**
>
> **¿Qué debe entenderse por gastos de administración?**
>
> Por gastos de administración conforme establece el artículo 27 de la Ley 50/2002, de 26 de diciembre, se entienden los directamente ocasionados por la administración de los bienes y derechos que integran el patrimonio de la fundación, y aquellos otros de los que los patronos tienen derecho a resarcirse. Estos gastos de administración de acuerdo con el artículo 33 del Real Decreto 1337/2005, de 11 de noviembre, por el que se aprueba el Reglamento de fundaciones de competencia estatal, no podrá superar la mayor de las siguientes cantidades:
>
> – 5 % de los fondos propios.
>
> – 20 % del resultado contable de la fundación.

Para el cálculo de los ingresos **no se incluirán las aportaciones o donaciones** recibidas en concepto de dotación patrimonial en el momento de la constitución o en un momento posterior, **ni los ingresos obtenidos en la transmisión onerosa de bienes inmuebles** en los que la entidad desarrolle la actividad propia de su objeto o finalidad específica, **siempre que el importe de la citada transmisión se reinvierta** en bienes inmuebles en los que concurra dicha circunstancia.

1.6. Otros aspectos a destacar

Modificación, fusión y extinción de las fundaciones

El capítulo VI de la Ley 50/2002, de 26 de diciembre, se ocupa de regular la modificación, fusión y extinción de las fundaciones.

‖ Modificación de los estatutos

Comienza el artículo 29 de la Ley 50/2002, de 26 de diciembre, otorgando la posibilidad de **modificar los estatutos** de la fundación al patronato, siempre que esto resulte conveniente en interés de la misma. Esta posibilidad no se da cuando el fundador lo haya prohibido. En caso de que las **circunstancias** que presidieron la constitución de la fundación **hayan variado** de manera que no pueda actuar satisfactoriamente con arreglo a sus estatutos, el **patronato deberá acordar la modificación** de los mismos, salvo que para este supuesto el fundador haya previsto la extinción de la fundación.

En caso de que el patronato **no cumpla** la obligación que hemos señalado de modificar los estatutos cuando el cambio en las circunstancias impida el funcionamiento de la fundación, el **protectorado le requerirá** para que le dé cumplimiento. En caso de que no obedeciere al requerimiento solicitará a la autoridad judicial que resuelva sobre la procedencia de la modificación de los estatutos.

La modificación o nueva redacción se **comunicará al protectorado**, el cual podrá **oponerse** únicamente por razones de legalidad y mediante acuerdo motivado, en el plazo de 3 meses a contar desde la notificación al mismo del correspondiente acuerdo del patronato. Dentro de este plazo el protectorado podrá comunicar en cualquier momento y de forma expresa su no oposición.

En cuanto a las formalidades que debe cumplir la modificación o la nueva redacción es que la misma debe hacerse en **escritura pública** e inscribirse en el Registro de Fundaciones.

RESOLUCIÓN RELEVANTE

Sentencia de la Audiencia Nacional, rec. 787/2017, de 5 de febrero de 2021, ECLI:ES:AN:2021:238

Asunto: alcance del análisis del protectorado en la modificación de los estatutos

«Es decir, la interpretación de la normativa directamente reguladora de esta figura (actualmente la Ley50/2002) aconseja partir de la idea de que las Fundaciones privadas pertenecen a la esfera particular y, consiguientemente, los litigios relativos a ellas tienen su natural sede en el orden jurisdiccional civil. Esa dimensión privada de las Fundaciones también explica lo que antes se ha dicho sobre el alcance del intervencionismo administrativo legalmente previsto en esta materia (que se exterioriza principalmente a través del Protectorado). En consecuencia, el Protectorado analizará la modificación estatutaria atendiendo exclusivamente a razones de legalidad y no de acierto para acordar, en su caso, su no oposición a la modificación estatutaria. Razones de legalidad que son las que están previstas en el Real Decreto 1337/2005, de 11 de noviembre, por el que se aprueba el Reglamento de Fundaciones de Competencia Estatal que en su artículo 36 regula el procedimiento de modificación estatutaria indicando que:

(…)

Por tanto, el Protectorado debe limitarse a analizar la modificación estatutaria teniendo en cuenta exclusivamente razones de legalidad y, en este sentido, analizará si a la comunicación presentada se han acompañado los documentos referidos tanto en el artículo 36 citado como en el artículo 28 de los Estatutos de la Fundación (...). Pero el Protectorado en el ejercicio de sus funciones de control nunca podrá analizar si el procedimiento seguido para alcanzar esa modificación estatutaria se ajusta a la Ley o a las disposiciones estatutarias ni tampoco el acierto de esa modificación. El control que corresponde al Protectorado cuya decisión administrativa ahora revisamos es comprobar si a la comunicación de la modificación se han acompañado todos los documentos legalmente exigidos sin que, se insiste, competa al Protectorado analizar si el estudio de viabilidad económica del patronato es o no acorde con la realidad de la modificación, o si esta modificación se ha adoptado cumpliendo todas las prescripciones legales y estatutarias, como así pretende el recurrente para lo cual deberá ejercer otro tipo de acciones».

‖ Fusión de fundaciones

Siempre que no haya sido prohibido por el fundador, **las fundaciones podrán fusionarse** previo acuerdo de los respectivos patronatos.

La fusión deberá **comunicarse al protectorado**, el cual podrá oponerse mediante acuerdo motivado por razones de legalidad. El plazo de que dispone para pronunciarse es de 3 meses, aunque en cualquier momento dentro de ese plazo podrá comunicar su no oposición al acuerdo de fusión.

Este proceso de fusión requerirá que se otorgue **escritura pública** y que la misma se inscriba en el Registro de Fundaciones. La escritura pública deberá contener los estatutos de la fundación que resulte de la fusión y la identificación de los miembros del primer patronato.

El apartado 4 del artículo 30 de la Ley 50/2002, de 26 de diciembre, establece la posibilidad de que cuando una **fundación resulte incapaz de alcanzar sus fines, el protectorado la requiera para que se fusione con otra** de análogos fines que haya manifestado ante el protectorado su voluntad favorable a dicha fusión. Esta posibilidad se dará en los casos en que el fundador no lo hubiera prohibido. Para el caso de que la fundación requerida se oponga a realizar la fusión, el protectorado podrá solicitar de la autoridad judicial que la ordene.

‖ Extinción de la fundación

Las **causas de extinción** de las fundaciones se recogen en el artículo 31 de la Ley 50/2002, de 26 de diciembre, fijando las siguientes:

- Cuando expire el plazo por el que fue constituida.
- Cuando se hubiese realizado íntegramente el fin fundacional.
- Cuando sea imposible la realización del fin fundacional, sin perjuicio de que puedan modificarse los estatutos o realizarse una fusión.
- Cuando así resulte de la fusión.
- Cuando concurra cualquier otra causa prevista en el acto constitutivo o en los estatutos.
- Cuando concurra cualquier otra causa establecida en las leyes.

Para el supuesto de que la extinción se produzca por expiración del plazo para el que fue constituida esta extinción será de **pleno derecho**.

Se requerirá el **acuerdo del patronato ratificado por el protectorado**, cuando el motivo de extinción sea el haber realizado íntegramente el fin fundacional, que resulte imposible la realización del fin fundacional o que concurra cualquier otra causa prevista en el acto constitutivo o en los estatutos. A falta de acuerdo del patronato o de ratificación por el protectorado, la extinción requerirá resolución judicial motivada, que podrá ser instada por el protectorado o el patronato, según los casos.

Finalmente, si la extinción deriva de cualquier otra causa establecida en las leyes, se requerirá **resolución judicial motivada**.

> **A TENER EN CUENTA**. El acuerdo de extinción o, en su caso, la resolución judicial, se inscribirán en el correspondiente Registro de Fundaciones.

La extinción de la fundación conlleva la **apertura del procedimiento de liquidación**, salvo en los casos en que la extinción se produce por una operación de fusión con otra fundación. La liquidación se realizará por el patronato bajo el control del protectorado.

Los bienes y derechos que resulten de la liquidación se destinarán a las fundaciones o entidades no lucrativas privadas que persigan fines de interés general y que tengan afectados sus bienes, incluso en el supuesto de su disolución, a la consecución de aquellos, y que hayan sido designados en el negocio fundacional o en los estatutos de la fundación extinguida. En defecto de esa previsión, el destino podrá ser decidido por el patronato, cuando el fundador le haya reconocido esa facultad, y, en caso contrario, será el protectorado quien cumpla ese cometido.

CUESTIÓN

¿Los bienes y derechos resultantes de la liquidación podrán destinarse a entidades públicas?

Esta posibilidad podría darse en caso de que las fundaciones en os estatutos o cláusulas fundacionales prevean que los bienes y derechos resultantes de la liquidación sean destinados a entidades públicas, de naturaleza no fundacional, que persigan interés general, tal como establece el apartado 3 del artícu o 33 de la Ley 50/2002, de 26 de diciembre.

Intervención temporal

Si el protectorado advirtiera una **grave irregularidad** en la gestión económica de la fundación que ponga en peligro la subsistencia de a fundación o una desviación grave entre los fines fundacionales y la actividad realizada, requerirá al patronato, una vez oído éste, para que adopte las medidas que estime pertinentes para la corrección de la irregularidad.

Para el cumplimiento del requerimiento se establecerá un plazo. En caso de que no se le dé cumplimiento en el tiempo que se haya fijado el protectorado podrá solicitar de la **autoridad judicial** que acuerde, previa audiencia del patronato, la **intervención temporal** de la fundación.

Una vez se haya autorizado judicialmente la intervención de la fundación, el protectorado asumirá todas las atribuciones legales y estatutarias del patronato durante el tiempo que haya determinado el juez. Esta intervención será alzada al expirar el plazo establecido, salvo en los casos en que se acceda a prorrogarla mediante una nueva resolución judicial.

> **A TENER EN CUENTA**. La resolución que acuerde la intervención temporal de la fundación se inscribirá en el Registro de Fundaciones.

1.7. Breve referencia a la normativa autonómica sobre fundaciones

Normativa aplicable a las fundaciones de ámbito autonómico

Una de las particularidades de la Ley 50/2002, de 26 de diciembre, es que la misma contiene preceptos reguladores de las fundaciones de competencia estatal junto a otros dirigidos a todas las fundaciones. La delimitación del **ámbito de aplicación** de los preceptos se encuentra regulada en la disposición final primera, la cual, bajo el título «Aplicación de la ley», enumera los preceptos que son de aplicación a todas las fundaciones.

La razón por la que **algunos de los preceptos se aplican de manera generalizada** tiene su origen en el artículo 149 de la CE, que establece las materias sobre las que el Estado tiene competencia exclusiva, de tal forma que se aplican a todas las fundaciones los preceptos que:

- Regulan las condiciones básicas que garantizan la igualdad de los españoles en el ejercicio del derecho de fundación (artículo 149.1.1.ª de la CE).

- Tienen naturaleza procesal (artículo 149.1.6.ª de la CE).

- Incorporan normas de derecho civil, sin perjuicio de la aplicabilidad preferente del derecho civil foral o especial allí donde existan (artículo 149.1.8.ª de la CE).

A continuación, realizaremos una breve descripción de los artículos de aplicación general.

Preceptos que constituyen condiciones básicas para el ejercicio del derecho de fundación

‖ Disposiciones generales

Dentro de las disposiciones generales reguladas en la Ley 50/2002, de 26 de diciembre, resultan de aplicación a todas las fundaciones los preceptos que se refieren al concepto (artículo 2), fines y beneficiarios [artículo 3, a excepción del apartado 4) y personalidad jurídica (artículo 4)].

‖ Patronato (artículo 14 de la Ley 50/2002, de 26 de diciembre)

En toda fundación deberá existir un órgano de gobierno y representación denominado patronato, que adoptará sus acuerdos por mayoría en los términos que establezcan los estatutos. Le corresponde a este órgano el cumplimiento de los fines fundacionales y administrar con diligencia los bienes y derechos que integran el patrimonio de la fundación, manteniendo el rendimiento y utilidad de los mismos.

Causas de extinción

Las fundaciones, tanto de ámbito estatal como autonómico, se extinguirán por las causas establecidas en el artículo 31 de la Ley 50/2002, de 26 de junio.

Protectorado (artículo 34.1 de la Ley 50/2002, de 26 de diciembre)

El protectorado velará por el correcto ejercicio del derecho de fundación y por la legalidad de la constitución y funcionamiento de las fundaciones.

Preceptos que constituyen condiciones básicas para el ejercicio del derecho y a la vez legislación civil

Domicilio

Conforme al artículo 6 de la Ley 50/2002, de 26 de diciembre, las fundaciones deberán estar domiciliadas en España cuando desarrollen principalmente su actividad dentro del territorio nacional. Su domicilio estatutario lo tendrán en el lugar en que se encuentre la sede de su patronato o en el lugar en que desarrollen principalmente sus actividades. En caso de que la actividad se desarrolle en el extranjero el domicilio estatutario será la sede de su patronato dentro del territorio nacional.

Fundaciones extranjeras

La previsión sobre las fundaciones extranjeras que recoge el artículo 7 de la Ley 50/2002, de 26 de diciembre, resulta de aplicación a todas las fundaciones con independencia de que su ámbito sea estatal o autonómico.

Efectos del Registro de Fundaciones

El artículo 37 de la Ley 50/2002, de 26 de diciembre, se refiere a los efectos de los registros de fundaciones de competencia estatal, y su apartado 4 señala que lo dispuesto en este artículo se entiende sin perjuicio de la normativa reguladora de otros registros públicos. Esta previsión del apartado 4 resultará de aplicación a todas las fundaciones ya sean de ámbito estatal o autonómico.

Preceptos que constituyen legislación civil

Denominación

Todas las fundaciones deberán ajustarse en su denominación a lo establecido en el artículo 5 de la Ley 50/2002, de 26 de diciembre.

Constitución de la fundación

La constitución de las fundaciones, cualquiera que sea su ámbito, debe realizarse cumpliendo la regulación que se establece en el capítulo II de la Ley 50/2002, de 26 de diciembre (artículos 8 a 13).

‖ Responsabilidad de los patronos

Constituyen legislación civil y en consecuencia son aplicables a todas las fundaciones los apartados 1 y 2 del artículo 17 de la Ley 50/2002, de 26 de diciembre, en los que se establece la obligación de los patronos de desempeñar su cargo con la diligencia de un representante leal y su responsabilidad solidaria frente a la fundación de los daños que causen por actos contrarios a la ley o a los estatutos, o por los realizados sin la debida diligencia.

‖ Sustitución y cese de los patronos

Resulta de aplicación generalizada los apartados 1, 2 y 4 del artículo 18 de la Ley 50/2002, de 26 de diciembre, en los que se regula la sustitución y cese de los patronos.

‖ Composición del patrimonio (artículo 19.1 de la Ley 50/2002, de ‖ 26 de diciembre)

El patrimonio de las fundaciones está formado por todos los bienes, derechos y obligaciones susceptibles de valoración económica que integran la dotación, así como por aquellos que adquiera la fundación con posterioridad a su constitución, se afecten o no a la dotación.

‖ Herencias y donaciones

Resulta aplicable a las fundaciones de ámbito estatal y a las fundaciones de ámbito autonómica la prescripción del artículo 22 de la Ley 50/2002, de 26 de diciembre, sobre las herencias y donaciones.

> **A TENER EN CUENTA**. El último inciso del aparatado 2 del artículo 22 de la ley de referencia resulta aplicable a todas las fundaciones por constituir legislación procesal.

‖ Modificación de los estatutos

El artículo 29 de la Ley 50/2002, de 26 de diciembre, regula la modificación de los estatutos. Constituyendo su contenido legislación civil será aplicable a todas las fundaciones, ámbito estatal y ámbito autonómico, a excepción de lo previsto en su apartado 4 que se refiere a la comunicación al protectorado de la modificación o nueva redacción de los estatutos.

‖ Fusión

Al igual que sucedía con el artículo 29, el artículo 30 de la Ley 50/2002, de 26 de diciembre, contiene legislación civil por lo que se aplica a las fundaciones de ámbito estatal y a las fundaciones de ámbito autonómico. Ahora bien, también aquí se exceptúa de la aplicación general la posibilidad de oposición por el protectorado prevista en el apartado 2 del artículo 30 de la Ley 50/2002, de 26 de diciembre.

Formas de extinción

La extinción de cualquier fundación se producirá en alguna de las formas que recoge el artículo 32 de la Ley 50/2002, de 26 de diciembre. Así mismo, tendrá aplicación general lo previsto en el artículo 32 bis de la misma ley con relación a la extinción judicial de las fundaciones a instancia del protectorado.

Intervención temporal

Con independencia de que la fundación sea de ámbito estatal o autonómico podrá ser objeto de intervención temporal conforme a lo señalado en el artículo 42 de la Ley 50/2002, de 26 de diciembre.

Preceptos que constituyen legislación procesal

Acción de responsabilidad de los patronos (artículo 17.3 de la Ley 50/2002, de 26 de diciembre)

Todas las fundaciones podrán entablar la acción de responsabilidad de los patronos ante la autoridad judicial. Esta acción se entablará en nombre de la fundación por el propio órgano de gobierno de la fundación, por el protectorado o por los patronos disidentes o ausentes, así como por el fundador que no fuera patrono.

Suspensión de los patronos

Con independencia del ámbito de la fundación la suspensión de los patronos podrá ser acordada cautelarmente por el juez de conformidad con lo establecido en el artículo 18.3 de la Ley 50/2002, de 26 de diciembre.

Acción de responsabilidad ejercida por el protectorado

Tanto si la fundación es de ámbito estatal, como si fuera de ámbito autonómico, el artículo 21.3 de la Ley 50/2002, de 26 de diciembre, en su segundo párrafo, establece que el protectorado podrá ejercer las acciones de responsabilidad que correspondan contra los patronos, cuando los acuerdos del patronato fueran lesivos para la fundación.

Legitimación del protectorado (artículo 35.2 de la Ley 50/2002, de 26 de diciembre)

Con independencia del ámbito de la fundación el protectorado estará legitimado para ejercitar la correspondiente acción de responsabilidad por los actos que relaciona el artículo 17.2 de la ley de referencia, así como para instar el cese de los patronos cuando no desempeñan el cargo con la debida diligencia. Así mismo, está legitimado para impugnar los actos y acuerdos del patronato que sean contrarios a los preceptos legales o estatutarios por los que se rige la fundación.

|| **Recursos jurisdiccionales**

El artículo 43 de la Ley 50/2002, de 26 de diciembre, sobre recursos juris-diccionales, en el que se establece la posibilidad de impugnar los actos del protectorado ante el orden jurisdiccional contencioso-administrativo, es de aplicación general.

Normativa autonómica sobre fundaciones

A continuación, haremos una breve referencia a las principales normas que regula las fundaciones en cada comunidad autónoma:

|| **Andalucía**

- Ley 10/2005, de 31 de mayo, de fundaciones de la Comunidad Au-tónoma de Andalucía.
- Decreto 32/2008, de 5 de febrero, por el que se aprueba el Regla-mento de fundaciones de la Comunidad Autónoma de Andalucía.
- Decreto 279/2003, de 7 de octubre, por el que se crea el Registro de fundaciones de Andalucía y aprueba su reglamento de organización y funcionamiento.

|| **Aragón**

- Decreto 276/1995, de 19 de diciembre, de la Diputación General de Aragón, por el que se regulan las competencias en materia de fun-daciones y se crea el Registro de fundaciones.

|| **Asturias**

- Decreto 18/1996, de 23 de mayo, por el que se crea y regula el Re-gistro de fundaciones asistenciales de interés general del Principado de Asturias.

|| **Islas Baleares**

- Decreto 61/2007, de 18 de mayo, de regulación del Registro único de fundaciones de la Comunidad Autónoma de las Islas Baleares y de organización del protectorado.

|| **Islas Canarias**

- Ley 2/1998, de 6 de abril, de fundaciones canarias.
- Decreto 188/1990, de 19 de septiembre, por el que se aprueba el reglamento de organización y funcionamiento del Protectorado de fundaciones canarias.

Cantabria

- Ley 6/2020, de 15 de julio, de fundaciones de Cantabria.

Castilla y León

- Ley 13/2002, de fundaciones de Castilla y León.
- Decreto 63/2005, de 25 de agosto, por el que se aprueba el Reglamento de fundaciones de Castilla y León.

Cataluña

- Ley 21/2014, de 29 de diciembre, del protectorado de las fundaciones y verificación de la actividad de las asociaciones declaradas de utilidad pública.
- Decreto 259/2008, de 23 de diciembre, por el que se aprueba el Plan de contabilidad de las fundaciones y asociaciones sujetas a la legislación de la Generalitat de Cataluña.

Comunidad Valenciana

- Ley 8/1998, de 9 de diciembre, de fundaciones de la Comunidad Valenciana.
- Decreto 68/2011, de 27 de mayo, por el que se aprueba el reglamento de fundaciones de la Comunitat Valenciana.

Comunidad de Madrid

- Ley 1/1998, de 2 de marzo, de fundaciones de la Comunidad de Madrid.

Galicia

- Ley 12/2006, de 1 de diciembre, de fundaciones de interés gallego.
- Decreto 14/2009, de 21 de enero, por el que se aprueba el Reglamento de fundaciones de interés gallego.
- Decreto 15/2009, de 21 de enero, por el que se aprueba el Reglamento del Registro de fundaciones de interés gallego.

La Rioja

- Ley 1/2007, de 12 de febrero, de fundaciones de la Comunidad Autónoma de La Rioja.

Navarra

- Ley Foral 13/2021, de 30 de junio, de fundaciones de Navarra.

- Decreto Foral 104/2022, de 30 de noviembre, por el que se regula el Registro de fundaciones de Navarra y los procedimientos de su competencia.

País Vasco

- Ley 9/2016, de 2 de junio, de fundaciones del País Vasco.
- Decreto 115/2019, de 23 de julio, por el que se aprueba el Reglamento del protectorado y del Registro de fundaciones del País Vasco.

2.
EL RÉGIMEN FISCAL ESPECIAL DE LA LEY 49/2002, DE 23 DE DICIEMBRE

La Ley 49/2002, de 23 de diciembre, y su régimen fiscal especial

El régimen fiscal especial de la **Ley 49/2002, de 23 de diciembre, de régimen fiscal de las entidades sin fines lucrativos y de los incentivos fiscales al mecenazgo**, establece un marco normativo específico para las entidades sin fines lucrativos y los incentivos fiscales al mecenazgo. **Esta ley es fundamental para muchas fundaciones en España,** ya que buena parte de los beneficios o especialidades fiscales que pueden aplicar tienen su origen en esta norma, siempre y cuando cumplan con los requisitos establecidos en la misma.

Más allá de regular un régimen fiscal propio para las entidades sin fines lucrativos, la ley persigue establecer el conjunto de incentivos que son aplicables a la actividad de mecenazgo realizada por particulares.

Tal y como se recoge en la propia exposición de motivos de la Ley 49/2002, de 23 de diciembre, era necesario un nuevo régimen fiscal para las entidades sin fines lucrativos que flexibilizase los requisitos para acogerse a los incentivos previstos en la propia Ley y que dotase de seguridad jurídica suficiente a tales entidades en el desarrollo de las actividades realizadas en cumplimiento de los fines de interés general que persigan.

Tal y como se dispone en el artículo 1 de la Ley 49/2002, de 23 de diciembre, el objeto de esta ley sería:

- Regular el régimen fiscal de las entidades sin fines lucrativos, en consideración a su función social, actividades y características.

- Regular los incentivos fiscales al mecenazgo, entendiendo por mecenazgo a estos efectos la participación privada en la realización de actividades de interés general.

Conviene destacar que este régimen fiscal especial es voluntario, y por tanto podrán aplicarlo las entidades que, cumpliendo determinados requisitos, opten por él y así lo comuniquen al Ministerio de Hacienda.

El objeto de estudiar esta Ley de manera independiente y previamente a analizar la fiscalidad de las fundaciones se debe a que buena parte de los beneficios y especialidades fiscales que estas podrán aplicar tienen su origen la mentada norma, y parten de la base de que la entidad cumpla los requisitos en ella exigidos.

2.1. Ámbito de aplicación y requisitos de aplicación

¿Cuándo se puede aplicar la Ley 49/2002, de 23 de diciembre?

El ámbito de aplicación de la Ley 49/2002, de 23 de diciembre, aparece regulado en su **artículo 1**, que señala el doble objeto de la misma:

- Por una parte, tiene por objeto regular el **régimen fiscal de las entidades sin fines lucrativos**, en consideración a:
  - » Su función social.
  - » Sus actividades.
  - » Sus características.
- Y por otra, también tiene por objeto regular los **incentivos fiscales al mecenazgo**. Aclarando que, a estos efectos, se entiende por mecenazgo la participación privada en la realización de actividades de interés general.

Con relación a la aplicación de esta ley conviene destacar las siguientes reglas:

- Se aplicarán las normas tributarias generales en lo no previsto por la Ley 49/2002, de 23 de diciembre.
- Lo regulado en ley se entenderá sin perjuicio:
  - » De los regímenes tributarios forales de Concierto y Convenio Económico en vigor, respectivamente, en los territorios Históricos del País Vasco y en la Comunidad Foral de Navarra.
  - » De lo dispuesto en los tratados y convenios internacionales que hayan pasado a formar parte del ordenamiento interno.

El artículo 2 de la Ley 49/2002, de 23 de diciembre, contiene una enumeración de aquellas entidades que a los efectos de esta ley, se considerarán entidades sin fines lucrativos cuando cumplan determinados requisitos, y que serían las siguientes:

- Las fundaciones.

- Las asociaciones declaradas de utilidad pública.
- Las organizaciones no gubernamentales de desarrollo a las que se refiere la Ley 1/2023, de 20 de febrero, de Cooperación para el Desarrollo Sostenible y la Solidaridad Global, siempre y cuando tengan forma jurídica de asociaciones de utilidad pública o fundaciones.

> **A TENER EN CUENTA.** El artículo 2 de la Ley 49/2002, de 23 de diciembre, se refiere a la Ley 23/1998, de 7 de julio, de Cooperación Internacional para el desarrollo, que en la actualidad ha sido derogada por la citada Ley 1/2023, de 20 de febrero.

- Las federaciones deportivas españolas, las federaciones deportivas territoriales de ámbito autonómico integradas en aquellas, el Comité Olímpico Español y el Comité Paralímpico Español.
- Las federaciones y asociaciones de las entidades sin fines lucrativos a que se refieren los puntos anteriores.
- Las entidades no residentes en territorio español que operen en el mismo con establecimiento permanente y sean análogas a algunas de las previstas en los puntos anteriores. Se excluyen expresamente las entidades residentes en una jurisdicción no cooperativa, excepto que se trate de un Estado miembro de la Unión Europea y se acredite que su constitución y operativa responden a motivos económicos válidos.
- Las entidades residentes en un Estado miembro de la Unión Europea o de otros Estados integrantes del Espacio Económico Europeo con los que exista normativa sobre asistencia mutua en materia de intercambio de información tributaria en los términos previstos en la Ley 58/2003, de 17 de diciembre, General Tributaria, que sea de aplicación, sin establecimiento permanente en territorio español, que sean análogas a alguna de las previstas en los puntos anteriores. Se excluyen las entidades residentes en una jurisdicción no cooperativa, excepto que se acredite que su constitución y operativa responde a motivos económicos válidos.

|| Requisitos de las entidades sin ánimo de lucro

Los requisitos que estas entidades deben de cumplir para ser consideradas como entidades sin fines lucrativos son los siguientes:

- Deben perseguir fines de interés general.
- Tienen que destinar a la realización de dichos fines de interés general, ya sea directa o indirectamente, el 70 % de las siguientes rentas e ingresos:
  » Las rentas de las explotaciones económicas que desarrollen.
  » Las rentas derivadas de la transmisión de bienes o derechos de su titularidad. Para realizar el cálculo de estas rentas no se incluirán

las obtenidas en la transmisión onerosa de bienes inmuebles en los que la entidad desarrolle la actividad propia de su objeto o finalidad específica, siempre y cuando el importe de la citada transmisión se reinvierta en bienes y derechos en los que concurra dicha circunstancia.

» Los ingresos obtenidos por cualquier otro concepto, deducidos los gastos realizados para la obtención de tales ingresos. Dentro de los gastos realizados para su obtención podrán integrarse, en su caso, la parte proporcional de los gastos por servicios exteriores, los gastos de personal, de otros gastos de gestión, de los gastos financieros y de los tributos, siempre que contribuyan a la obtención de ingresos, excluyendo de este cálculo los gastos realizados para el cumplimiento de los fines estatutarios o del objeto de la entidad sin fines lucrativos. No se incluirán en el cálculo de los ingresos las aportaciones o donaciones recibidas en concepto de dotación patrimonial en el momento de su constitución o en un momento posterior.

El resto de las rentas e ingresos deberán ser destinados a incrementar la dotación patrimonial y las reservas.

• La actividad realizada no puede consistir en el desarrollo de explotaciones económicas ajenas a su objeto o finalidad estatutaria. Se entiende que se cumple este requisito cuando el importe neto de la cifra de negocios del ejercicio correspondiente al conjunto de las explotaciones económicas no exentas ajenas a su objeto o finalidad estatutaria no excede del 40 % de los ingresos totales de la entidad, siempre que el desarrollo de estas explotaciones económicas no exentas no vulnere las normas reguladoras de defensa de la competencia en relación con empresas que realicen la misma actividad.

Es importante tener en cuenta que a estos efectos se entiende que las entidades sin fines lucrativos desarrollan una explotación económica cuando realicen la **ordenación por cuenta propia de medios de producción y de recursos humanos**, o de uno de ambos, **con la finalidad de intervenir en la producción o distribución de bienes o servicios**. Sin embargo, el artículo 3 de la Ley 49/2002, de 23 de diciembre, aclara que el arrendamiento u otras formas de cesión de uso del patrimonio inmobiliario de la entidad no constituye explotación económica.

• Los fundadores, asociados, patronos, representantes estatutarios, miembros de los órganos de gobierno y los cónyuges o parientes hasta el cuarto grado inclusive de cualquiera de ellos no pueden ser los destinatarios principales de las actividades que se realicen por las entidades, ni beneficiarse de condiciones especiales para utilizar sus servicios, con la excepción de las actividades de investigación científica y desarrollo tecnológico, las actividades de asistencia social o deportiva a las que se refieren los números 8.º y 13.º del artículo 20.1 de la LIVA y las fundaciones cuya finalidad sea la conservación y restauración de bienes del Patrimonio Histórico Español. Además, este requisito tampoco se aplica a las federaciones y asociaciones a las que se refiere el artículo 2.e) de la Ley 49/2002, de 23 de diciembre.

- Los cargos de patrono, representante estatutario y miembro del órgano de gobierno deben ser gratuitos, sin perjuicio de que sí tengan derecho a que se les reembolsen los gastos debidamente justificados que el desempeño de su función les ocasione, sin que las cantidades percibidas por este concepto puedan exceder de los límites previstos en la normativa del IRPF para ser consideradas dietas exceptuadas de gravamen. Este requisito no se aplica a las federaciones y asociaciones a las que se refiere el artículo 2.e) de la Ley 49/2002, de 23 de diciembre. Sin embargo, nada obsta para que los patronos, representantes estatutarios y miembros del órgano de gobierno puedan percibir de la entidad retribuciones por la prestación de servicios, incluidos los prestados en el marco de una relación de carácter laboral, distintos de los que implica el desempeño de las funciones que les corresponden como miembros del Patronato u órgano de representación, cuando se cumplan las condiciones previstas en las normas por las que se rige la entidad. En todo caso no podrán participar en los resultados económicos de la entidad, ni por sí mismas, ni a través de persona o entidad interpuesta.

> **A TENER EN CUENTA**. Este requisito también resulta aplicable a los administradores que representen a la entidad en las sociedades mercantiles en que participe, salvo que las retribuciones percibidas por la condición de administrador se reintegren a la entidad que representen. En este caso, la retribución percibida por el administrador estará exenta del IRPF, y no existirá obligación de practicar retención a cuenta de este impuesto.

- En caso de disolución su patrimonio deberá destinarse en su totalidad a alguna de las entidades consideradas como entidades beneficiarias del mecenazgo a los efectos previstos en los artículos 16 a 25 de la Ley 49/2002, de 23 de diciembre, o a entidades públicas de naturaleza no fundacional que persigan fines de interés general, y esta circunstancia esté expresamente contemplada en el negocio fundacional o en los estatutos de la entidad disuelta, siendo aplicable a dichas entidades sin fines lucrativos lo dispuesto en la letra c) del apartado 1 del artículo 76 de la LIS. Aquellas entidades cuyo régimen jurídico permita, en los supuestos de extinción, la reversión de su patrimonio al aportante del mismo o a sus herederos o legatarios no tendrán nunca la condición de entidades sin fines lucrativos, salvo que la reversión esté prevista en favor de alguna entidad beneficiaria del mecenazgo.

- Deben de estar inscritas en el registro correspondiente.

- Tienen que cumplir las obligaciones contables previstas en las normas por las que se rigen o, en su defecto, en el Código de Comercio y disposiciones complementarias.

- También deben de cumplir con las obligaciones de rendición de cuentas establecidas en su legislación específica, y ausencia de esta, deberán rendir cuentas antes de que transcurran 6 meses desde el cierre de su ejercicio ante el organismo público encargado del registro correspondiente.

- En último lugar, tienen que elaborar una memoria económica anual en la que especificarán los ingresos y gastos del ejercicio, de tal forma que puedan identificarse por categorías y por proyectos, así como el porcentaje de participación que mantengan en entidades mercantiles. Cuando se trate de entidades que estén obligadas por la normativa contable correspondiente a la elaboración anual de una memoria, deberán incluir en esta la mentada información.

A TENER EN CUENTA. El artículo 3 del Real Decreto 1270/2003, de 10 de octubre, por el que se aprueba el Reglamento para la aplicación del régimen fiscal de las entidades sin fines lucrativos y de los incentivos fiscales al mecenazgo, detalla la información que debe contener la memoria económica.

CUESTIONES

1. ¿Qué se consideran fines de interés general a los efectos de cumplir los requisitos del artículo 3 de la Ley 49/2002, de 23 de diciembre?

El propio artículo realiza una enumeración, a título de ejemplo ya que no se excluyen otros, y cita los siguientes: los de defensa de los derechos humanos, de las víctimas del terrorismo y actos violentos, los de asistencia social e inclusión social, cívicos, educativos, culturales, científicos, deportivos, sanitarios, laborales, de fortalecimiento institucional, de cooperación para el desarrollo, de promoción del voluntariado, de promoción de la acción social, de defensa del medio ambiente, de defensa de los animales, de promoción y atención a las personas en riesgo de exclusión por razones físicas, económicas o culturales, de promoción de los valores constitucionales y defensa de los principios democráticos, de fomento de la tolerancia, de fomento de la economía social, de desarrollo de la sociedad de la información, de investigación científica, desarrollo o innovación tecnológica y de transferencia de la misma hacia el tejido productivo como elemento impulsor de la productividad y competitividad empresarial.

2. ¿Cuál es el plazo para cumplir el requisito de las entidades sin ánimo de lucro de destinar al menos cierto porcentaje de sus ingresos a la realización de los fines de interés general que persiguen?

El plazo para el cumplimiento de este requisito será el comprendido entre el inicio del ejercicio en que se hayan obtenido las respectivas rentas e ingresos y los cuatro años siguientes al cierre de dicho ejercicio.

3. ¿Un seguro de responsabilidad civil contratado en beneficio de los miembros del órgano de gobierno se considera una remuneración de los cargos a efectos de cumplir el requisito previsto en el apartado 5.º del artículo 3 de la Ley 49/2002, de 23 de diciembre?

No, no tendrán la consideración de remuneración de los cargos, los seguros de responsabilidad civil contratados por la entidad sin fines lucrativos en beneficio de los patronos, representantes estatutarios y miembros del órgano del gobierno, siempre que solo cubran riesgos derivados del desempeño de tales cargos en la entidad.

Esta previsión fue incorporada al artículo 3 de la Ley 49/2002, de 23 de diciembre, por medio del Real Decreto-ley 6/2023, de 19 de diciembre, con entrada en vigor el 1 de enero de 2024.

RESOLUCIÓN ADMINISTRATIVA

Consulta vinculante de la Dirección General de Tributos (V2369-23), de 4 de septiembre

Asunto: Requisitos para cumplir el requisito del artículo 3.2 de la Ley 49/2002, de 23 de diciembre

«Por su parte, el artículo 3. 1º de la Ley 49/2002 exige la persecución de fines de interés general sin contemplar expresamente si esta persecución debe ser directa o puede realizarse de manera indirecta. A su vez, el artículo 3. 2º de la citada Ley exige destinar al menos el 70% de los ingresos y rentas de la fundación a la persecución de fines de interés general.

En virtud de lo anterior, es reiterado criterio de este Centro Directivo considerar que, con carácter general, debe ser la propia fundación beneficiaria del régimen especial quien realice, directamente, las actividades de "interés general".

No obstante, tal criterio ha sido matizado en contestaciones a consultas vinculantes emitidas por este Centro Directivo (entre otras, las consultas V2016-15, V 3277-16, V 4024-16 y V02937-19), en un supuesto en el que la fundación no realiza directamente la actividad fundacional sino de forma indirecta, pero se cumplen simultáneamente dos circunstancias: (i) que dicha actividad se realice a través de otras entidades a las que igualmente les resulte de aplicación la Ley 49/2002 y, (ii) que la primera no efectúe una mera traslación de fondos a estas segundas, sino que lleve a cabo una labor activa de seguimiento y control en la ejecución de proyectos y en el destino concreto de los fondos aportados.

Por tanto, aun cuando la fundación consultante no destinara sus fondos de forma directa a la realización de actividades que persiguen fines de interés general, se consideraría que se cumplen las condiciones anteriormente señaladas, mediante el destino de los fondos a otras entidades que también se encuentren acogidas a lo previsto en la Ley 49/2002, y siempre que se efectúe una labor de seguimiento y control activo en los proyectos seleccionados.

En el supuesto concreto planteado, la fundación consultante plantea si las aportaciones realizadas y las que se vayan a realizar en un futuro, a las entidades X e Y, ambas sociedades mercantiles, constituidas y residentes en Estados Unidos, íntegramente participadas por la entidad consultante, pueden considerarse destinadas a la realización de los fines fundacionales, a los efectos del cálculo del 70% de ingresos destinados a la realización de tales fines, a la luz de lo dispuesto en el artículo 3.2º de la Ley 49/2002.

En relación con lo anterior, en la medida en que las entidades X e Y, son sociedades mercantiles, residentes en Estados Unidos, y por tanto, no son entidades acogidas a la Ley 49/2002, las aportaciones que la Fundación consultante realice en favor de las citadas entidades, no cumplirían los criterios necesarios para tener la consideración de rentas destinadas a la realización del fin perseguido por la Fundación consultante, a efectos de lo dispuesto en el artículo 3.2º de la citada Ley».

2.2. Aproximación a los incentivos fiscales que conlleva

Incentivos fiscales destacados en la Ley 49/2002 de 23 de diciembre

La Ley 49/2002, de 23 de diciembre, de régimen fiscal de las entidades sin fines lucrativos y de los incentivos fiscales al mecenazgo, establece una serie de incentivos fiscales destinados a fomentar la participación privada en actividades de interés general.

De entre todos los incentivos regulados, podemos destacar los siguientes:

1. Beneficios en el Impuesto sobre Sociedades

- Exenciones de determinados ingresos (artículo 6 de la Ley 49/2002, de 23 de diciembre).
- Exenciones de determinadas explotaciones económicas (artículo 7 de la Ley 49/2002, de 23 de diciembre).
- Tipo reducido del 10 % para las rentas de explotaciones económicas no exentas (artículo 10 de la Ley 49/2002, de 23 de diciembre).
- Deducción de la cuota del IS por los donativos, donaciones y aportaciones realizadas en favor de las entidades beneficiarias del mecenazgo (artículo 20 de la Ley 49/2002, de 23 de diciembre).
- Exención de las ganancias patrimoniales y las rentas positivas que se pongan de manifiesto con ocasión de los donativos, donaciones y aportaciones realizados (artículo 23 de la Ley 49/2002, de 23 de diciembre).
- Deducción en la base imponible de los gastos realizados para los fines de interés general en determinadas circunstancias (artículo 26 de la Ley 49/2002, de 23 de diciembre).
- Deducciones relacionadas con los programas de apoyo a acontecimientos de excepcional interés público (artículo 27 de la Ley 49/2002, de 23 de diciembre).

2. Tributos locales

- Exención del IBI en determinados bienes (artículo 15.1 de la Ley 49/2002, de 23 de diciembre).
- Exención del IAE (artículo 15.2 de la Ley 49/2002, de 23 de diciembre).
- Exención del IIVTNU (artículo 15.3 de la Ley 49/2002, de 23 de diciembre).

- Bonificación del 95 % de todos los impuestos y tasas locales que recaigan sobre las operaciones relacionas con los programas de apoyo a acontecimientos de excepcional interés público (artículo 27 de la Ley 49/2002, de 23 de diciembre).

3. Beneficios en el Impuesto sobre la Renta de las Personas Físicas

- Deducción en la cuota del IRPF por los donativos, donaciones y aportaciones realizadas en favor de las entidades beneficiarias del mecenazgo (artículo 19 de la Ley 49/2002, de 23 de diciembre).
- Exención de las ganancias patrimoniales y las rentas positivas que se pongan de manifiesto con ocasión de los donativos, donaciones y aportaciones realizados (artículo 23 de la Ley 49/2002, de 23 de diciembre).
- Deducción del rendimiento neto de la actividad económica de los gastos realizados para los fines de interés general en determinadas circunstancias (artículo 26 de la Ley 49/2002, de 23 de diciembre).
- Deducciones relacionadas con los programas de apoyo a acontecimientos de excepcional interés público (artículo 27 de la Ley 49/2002, de 23 de diciembre).

4. Beneficios en el Impuesto sobre la Renta de no Residentes

- Deducción en la cuota del IRNR por los donativos, donaciones y aportaciones realizadas en favor de las entidades beneficiarias del mecenazgo (artículo 21 de la Ley 49/2002, de 23 de diciembre).
- Exención de las ganancias patrimoniales y las rentas positivas que se pongan de manifiesto con ocasión de los donativos, donaciones y aportaciones realizados (artículo 23 de la Ley 49/2002, de 23 de diciembre).
- Deducción de la base imponible de los gastos realizados para los fines de interés general en determinadas circunstancias (artículo 26 de la Ley 49/2002, de 23 de diciembre).
- Deducciones relacionadas con los programas de apoyo a acontecimientos de excepcional interés público (artículo 27 de la Ley 49/2002, de 23 de diciembre).

5. Beneficios en el Impuesto sobre Transmisiones Patrimoniales y Actos Jurídicos Documentados

- Bonificación cuando los bienes y derechos adquiridos se destinen a la realización de inversiones relacionadas con los programas de apoyo a acontecimientos de excepcional interés público en determinadas circunstancias (artículo 27 de la Ley 49/2002, de 23 de diciembre).

3.
FISCALIDAD DE LAS FUNDACIONES

Especialidades en el régimen fiscal de las fundaciones

Las fundaciones en España tienen un régimen fiscal específico que se encuentra regulado principalmente por la Ley 49/2002, de 23 de diciembre, de régimen fiscal de las entidades sin fines lucrativos y de los incentivos fiscales al mecenazgo, y su reglamento de desarrollo, el Real Decreto 1270/2003, de 10 de octubre, además de en las normas reguladoras de cada impuesto. Es decir, a las fundaciones les resultan de aplicación las normas reguladoras de cada impuesto, con las especialidades correspondientes, y la Ley 49/2002, de 23 de diciembre.

La finalidad de los beneficios fiscales establecidos para estas entidades es promover e incentivar la participación ciudadana en actividades benéficas y culturales.

Así, a continuación, analizaremos las especialidades que presenta la fiscalidad de las fundaciones en los siguientes impuestos:

- Impuesto sobre Sociedades (IS).
- Impuesto sobre el Valor Añadido (IVA).
- Impuesto sobre Transmisiones Patrimoniales y Actos Jurídicos Documentados (ITPyAJD).
- Tributos locales:
  - » Impuesto sobre Actividades Económicas (IAE).
  - » Plusvalía municipal o IIVTNU.
  - » Impuesto sobre Bienes Inmuebles (IBI).

CUESTIONES

1. Al margen de estos impuestos, ¿las fundaciones tienen otras obligaciones fiscales?

Sí, en función de las normas reguladoras de cada impuesto, las fundaciones pueden verse afectadas, como cualquier otro contribuyente, cuando se den las circunstancias que motivan el nacimiento de las obligaciones. A título de ejemplo podemos citar la obligación de practicar retenciones, la obligación de presentar la declaración de operaciones con terceros, la obligación de presentar la declaración informativa de las donaciones recibidas...

2. Una fundación gestiona un bien de interés cultural y organiza las visitas al mismo. Para gestionar dicho servicio realiza numerosos pagos, previa emisión de factura, como, por ejemplo, por servicios de mantenimiento informático, reparaciones de barandillas, jardinería... ¿Tiene obligación de practicar retenciones sobre estos rendimientos?

Como punto de partida para responder esta cuestión hay que recordar que las fundaciones se ven afectadas por el IRPF en la medida en que satisfagan rentas sujetas a retención en virtud del artículo 75 del RIRPF, y en este sentido se ha pronunciado la consulta vinculante de la Dirección General de Tributos (V2977-21), de 23 de noviembre, que en un supuesto como el aquí planteado, en el que se está hablando de rendimientos de actividades económicas, responde que *«(...) partiendo de la consideración de rendimientos de actividades económicas que tienen los que la entidad consultante pueda satisfacer (al margen de cualquier relación laboral) a los contribuyentes por este impuesto a los que satisfagan contraprestaciones por las prestaciones de servicios que le realicen, su sometimiento a retención vendrá determinado por la actividad que estos últimos desarrollen, lo que nos lleva al artículo 75.1.c) del Reglamento del Impuesto sobre la Renta de las Personas Físicas (aprobado por el Real Decreto 439/2007, de 30 de marzo, BOE del día 31)».* Concluyendo Tributos que: *«el sometimiento a retención de los rendimientos objeto de consulta vendrá determinada por su correspondencia con prestaciones de servicios de actividades profesionales o de "transporte de mercancías por carretera" (grupo 722 del IAE) y "servicio de mudanzas" (grupo 757 del IAE) y se establezca (en estos dos últimos casos) el rendimiento neto de las mismas con arreglo al método de estimación objetiva».*

3. Si la fundación gestionase ayudas dinerarias gratuitas para personas mayores con pocos recursos, ¿tendría obligación de practicar retenciones en estas cantidades?

No, tal y como establece Tributos en su consulta vinculante (V1619-24), de 3 de julio de 2024, estas cantidades no se encuentran entre las que deben ser objeto de retención: *«Una vez establecida la calificación, por lo que se refiere al sometimiento a retención, la aplicación de lo dispuesto en el artículo 75 del Reglamento del Impuesto sobre la Renta de las Personas Físicas (aprobado por el Real Decreto 439/2007, de 30 de marzo, publicado en el BOE del día 31), regulador de las rentas sujetas a retención o ingreso a cuenta, nos lleva a concluir que estas ayudas no están sujetas a retención, por cuanto no se corresponden con ninguna de las rentas que este artículo somete a retención o ingreso a cuenta».*

3.1. Impuesto sobre Sociedades

¿Cómo tributan en el Impuesto sobre Sociedades las entidades sin fines lucrativos?

A la hora de analizar el régimen fiscal de las fundaciones en el Impuesto de Sociedades hay que diferenciar dos supuestos:

- Aquellos casos en los que las fundaciones reúnen los requisitos para acogerse al régimen establecido en la Ley 49/2002, de 23 de diciembre, de régimen fiscal de las entidades sin fines lucrativos y de los incentivos fiscales al mecenazgo.

- Los casos en los que no se cumpla con los requisitos que contiene la citada ley y, por tanto, se aplique el régimen de entidades parcialmente exentas regulado en la LIS que, si bien, es menos beneficioso que el de la Ley 49/2002, de 23 de diciembre, sí presenta ventajas con relación al régimen general.

Tal y como se resume en la **consulta vinculante de la Dirección General de Tributos (V1789-18), de 20 de junio de 2018**, *«(...) una entidad sin ánimo de lucro tributará por el régimen establecido en la Ley 49/2002 y, en el caso de que no cumpla con los requisitos establecidos para ello, por el régimen de entidades parcialmente exentas establecido en el capítulo XIV del título VII de la LIS».*

RESOLUCIÓN ADMINISTRATIVA

Consulta vinculante de la Dirección General de Tributos (V3499-19), de 20 de diciembre de 2019

Asunto: Aplicación del régimen especial de la Ley 49/2002, de 23 de diciembre, y subsidiariamente el previsto en el capítulo XIV del título VII de la LIS

«Así, en la medida en que la asociación consultante no cumple los requisitos establecidos por la Ley 49/2002, no le resultará de aplicación el régimen fiscal especial de las entidades sin fines lucrativos contemplado en el Título II de dicha Ley.

En ese caso, y en la medida en que de acuerdo con lo señalado en el artículo 1 de los estatutos de la entidad consultante, se trate de una organización asociativa y sin ánimo de lucro, tendría la consideración de entidad parcialmente exenta, resultándole de aplicación el régimen especial previsto en el capítulo XIV del título VII de la LIS».

El régimen fiscal de las fundaciones que reúnen los requisitos de la Ley 49/2002, de 23 de diciembre

El artículo 2 de la Ley 49/2002, de 23 de diciembre, incluye a las fundaciones entre las entidades sin fines lucrativos que podrán acogerse a la ley cuando reúnan los requisitos del artículo 3 de la citada ley, y por tanto, en estos casos, podrán acogerse a este régimen que explicaremos a continuación, y que conlleva distintas ventajas que lo hacen más atractivo, en lo relativo a la fiscalidad, para las fundaciones.

A TENER EN CUENTA. En lo no previsto específicamente por el capítulo II de dicha norma, serán de aplicación las normas del IS. Ahora bien, en el caso de entidades a que se refieren las letras f) y g) del artículo 2 de la Ley 49/2002, de 23 de diciembre, se aplicará lo dispuesto en dicho capítulo y en el siguiente, entendiéndose hechas las referencias del IS al IRNR; y, en lo no previsto en el capítulo II, serán de aplicación las normas del IRNR.

Rentas exentas en el IS para entidades sin fines lucrativos de la Ley 49/2022, de 23 de diciembre

Las entidades sin fines lucrativos que se acogen a la Ley 49/2002, de 23 de diciembre, tributan en el Impuesto sobre Sociedades bajo un régimen fiscal especial. Este régimen se caracteriza por las siguientes particularidades en cuanto a exenciones y rentas exentas:

Están **exentas del Impuesto sobre Sociedades** las rentas enumeradas en el artículo 6 de la Ley 49/2002, de 23 de diciembre:

- Las que se deriven de los siguientes ingresos:

  » Los donativos y donaciones recibidos para colaborar en los fines de la entidad, incluidas las aportaciones o donaciones en concepto de dotación patrimonial, en el momento de su constitución o en un momento posterior, y las ayudas económicas recibidas en virtud de los convenios de colaboración empresarial regulados en el artículo 25 de la mentada Ley 49/2002, de 23 de diciembre y en virtud de los contratos de patrocinio publicitario a que se refiere la Ley 34/1998, de 11 de noviembre, General de Publicidad.

  » Las cuotas satisfechas por los asociados, colaboradores o benefactores, cuando no se correspondan con el derecho a percibir una prestación derivada de una explotación económica no exenta.

  » Las subvenciones, salvo las destinadas a financiar la realización de explotaciones económicas no exentas.

- Las que procedan del patrimonio mobiliario e inmobiliario de la entidad, como son los dividendos y participaciones en beneficios de sociedades, intereses, cánones y alquileres.

- Las que se deriven de adquisiciones o de transmisiones, por cualquier título, de bienes o derechos, incluidas las obtenidas con ocasión de la disolución y liquidación de la entidad.

- Las que se obtengan en el ejercicio de las explotaciones económicas exentas reguladas en el artículo 7 de la Ley 49/2002, de 23 de diciembre.

- Las que deban ser atribuidas o imputadas a entidades sin fines lucrativos y que procedan de rentas exentas de las enumeradas en los puntos anteriores.

Además, el artículo 7 de la Ley 49/2002, de 23 de diciembre, establece que también estarán **exentas** del Impuesto de Sociedades aquellas rentas obtenidas por entidades sin fines lucrativos, cuando sean desarrolladas en cumplimiento de su objeto y finalidad, y procedan de las siguientes **explotaciones económicas:**

- Las explotaciones económicas de prestación de servicios de promoción y gestión de la acción social, así como los de asistencia social e inclusión social que se indican a continuación, incluyendo las actividades auxiliares o complementarias de aquellos, como son los servicios accesorios de alimentación, alojamiento o transporte:

  » Protección de la infancia y de la juventud.

  » Asistencia a la tercera edad.

  » Asistencia a personas en riesgo de exclusión o dificultad social o víctimas de malos tratos.

  » Asistencia a personas con discapacidad, incluida la formación ocupacional, la inserción laboral y la explotación de granjas, talleres y centros especiales en los que desarrollen su trabajo.

  » Asistencia a minorías étnicas.

  » Asistencia a refugiados y asilados.

  » Asistencia a emigrantes, inmigrantes y transeúntes.

  » Asistencia a personas con cargas familiares no compartidas.

  » Acción social comunitaria y familiar.

  » Asistencia a exreclusos.

  » Reinserción social y prevención de la delincuencia.

  » Asistencia a alcohólicos y toxicómanos.

  » Cooperación para el desarrollo.

  » Inclusión social de las personas a que se refieren los puntos anteriores.

  » Acciones de inserción sociolaboral de personas en riesgo de exclusión social.

- Las explotaciones económicas de prestación de servicios de hospitalización o asistencia sanitaria, incluyendo las actividades auxiliares o complementarias de los mismos, como son la entrega de medicamentos o los servicios accesorios de alimentación, alojamiento y transporte.

- Las explotaciones económicas de investigación, desarrollo e innovación, siempre y cuando se trate de actividades definidas con arreglo a lo dispuesto en el **artículo 35 de la LIS**.

- Las explotaciones económicas de los bienes declarados de interés cultural conforme a la normativa del Patrimonio Histórico del Estado y de las CC. AA., así como de museos, bibliotecas, archivos y centros de documentación, siempre y cuando se cumplan las exigencias establecidas en dicha normativa, en particular respecto de los deberes de visita y exposición pública de dichos bienes.

- Las explotaciones económicas consistentes en la organización de representaciones musicales, coreográficas, teatrales, cinematográficas o circenses.

- Las explotaciones económicas de parques y otros espacios naturales protegidos de características similares.

- Las explotaciones económicas de enseñanza y de formación profesional, en todos los niveles y grados del sistema educativo, así como las de educación de altas capacidades, las de educación infantil hasta los tres años, incluida la guarda y custodia de niños hasta esa edad, las de educación especial, las de educación compensatoria y las de educación permanente y de adultos, cuando estén exentas del IVA, así como las explotaciones económicas de alimentación, alojamiento o transporte realizadas por centros docentes y colegios mayores pertenecientes a entidades sin fines lucrativos.

- Las explotaciones económicas consistentes en la organización de exposiciones, conferencias, coloquios, cursos o seminarios.

- Las explotaciones económicas de elaboración, edición, publicación y venta de libros, revistas, folletos, material audiovisual y material multimedia.

- Las explotaciones económicas de prestación de servicios de carácter deportivo a personas físicas que practiquen el deporte o la educación física, siempre que tales servicios estén directamente relacionados con dichas prácticas y con excepción de los servicios relacionados con espectáculos deportivos y de los prestados a deportistas profesionales.

- Las explotaciones económicas que tengan un carácter meramente auxiliar o complementario de las explotaciones económicas exentas o de las actividades encaminadas a cumplir los fines estatutarios o el objeto de la entidad sin fines lucrativos. No se considerará que las explotaciones económicas tienen un carácter meramente auxiliar o complementario cuando el importe neto de la cifra de negocios del ejercicio correspondiente al conjunto de ellas exceda del 20 % de los ingresos totales de la entidad.

- Las explotaciones económicas de escasa relevancia. Se consideran como tales aquellas cuyo importe neto de la cifra de negocios del ejercicio no supere en conjunto 20.000 euros.

> **A TENER EN CUENTA**. El artículo 7 ha sido modificado por el Real Decreto-Ley 6/2023, de 19 de diciembre, en vigor desde el 1 de enero de 2024.

CUESTIÓN

¿Las rentas exentas estarán sometidas a retención o a ingreso a cuenta?

No, y así se regula en el artículo 12 de la Ley 49/2002, de 23 diciembre.

‖ Base imponible y tipo de gravamen

Para la determinación de la base imponible las fundaciones que reúnan los requisitos del **artículo 3 de la Ley 49/2002, de 23 de diciembre**, deberán atender a las normas recogidas en el **artículo 8 de la Ley 49/2002, de 23 de diciembre**, que dispone que en la base imponible del IS de las entidades sin fines lucrativos únicamente se incluirán las **rentas derivadas de las explotaciones económicas no exentas**. Además, en virtud de lo establecido en el apartado segundo del mentado artículo 8, no serán considerados como gastos deducibles:

- Los establecidos en la normativa general del IS.

- Los gastos imputables exclusivamente a las rentas exentas. En el supuesto de que se trate de gastos parcialmente imputables a las rentas no exentas, serán deducibles en el porcentaje que representen los ingresos obtenidos en el ejercicio de explotaciones económicas no exentas respecto de los ingresos totales de la entidad.

- Las cantidades destinadas a la amortización de elementos patrimoniales no afectos a las explotaciones sometidas a gravamen. Cuando estemos ante elementos afectos parcialmente a la realización de actividades exentas, no resultarán deducibles las cantidades destinadas a la amortización en el porcentaje en el que el elemento patrimonial se encuentre afecto a la realización de dicha actividad.

- Las cantidades que constituyan aplicación de resultados y, en particular, de los excedentes de explotaciones económicas no exentas.

A la base imponible positiva correspondiente a las rentas derivadas de explotaciones económicas no exentas —calculada conforme a las anteriores normas— se le aplicará el **tipo de gravamen del 10 %**.

Es importante destacar que las entidades que opten por este régimen especial estarán **obligadas a declarar por el IS la totalidad de sus rentas**, tanto las exentas como las no exentas.

CUESTIÓN

¿Cómo se valoran los bienes y derechos que integran el patrimonio resultante de la disolución de una entidad sin fines lucrativos que se transmiten a otra entidad sin fines lucrativos?

En virtud de lo dispuesto en el **artículo 9 de la Ley 49/2002, de 23 de diciembre**, estos bienes y derechos se valorarán en la adquirente, a efectos fiscales, por los mismos valores que tenían en la entidad disuelta antes de realizarse la transmisión, manteniéndose igualmente la fecha de adquisición por parte de la entidad disuelta.

|| Declaración censal

Para acogerse a este régimen fiscal especial, la entidad debe comunicar su opción a la Administración tributaria mediante la correspondiente declaración censal. Una vez que se haya ejercitado la opción, vinculará a la entidad de forma indefinida durante los períodos impositivos siguientes, en tanto no se renuncie a su aplicación, siempre y cuando se cumplan los requisitos establecidos en el artículo 3 de la Ley 49/2002, de 23 de diciembre.

En el caso de que se incumplan los requisitos establecidos para este tipo de entidades en el ya citado artículo 3, la entidad tendrá la **obligación de ingresar no solo la totalidad de las cuotas correspondientes al ejercicio en que se produzca el incumplimiento** por el IS, los tributos locales y el ITPYA-JD, conforme con la normativa reguladora de estos tributos, sino también los **intereses de demora que procedan**.

Esta obligación se refiere:

- A las cuotas correspondientes al ejercicio en que se obtuvieron los resultados e ingresos no aplicados correctamente cuando el requisito incumplido sea el de destinar a la realización de los fines de interés general perseguidos por la entidad el 70 % de las rentas previsto en el número 2.º del artículo 3 de la Ley 49/2002, de 23 de diciembre.

- A las cuotas correspondientes al ejercicio en que se produzca el incumplimiento y a los cuatro anteriores, cuando el requisito incumplido sea el del número 6.º del citado artículo referido a los casos en que se produce la disolución de la entidad.

Y, ello, sin perjuicio de las sanciones que, en su caso, procedan.

CUESTIONES

1. ¿Cuándo comienza a aplicarse este régimen especial?

Conforme al artículo 1 del Reglamento para la aplicación del régimen fiscal de las entidades sin fines lucrativos y de los incentivos fiscales al mecenazgo (Real Decreto 1270/2003, de 10 de octubre), el régimen fiscal especial se aplicará al periodo impositivo que finalice con posterioridad a la fecha de presentación de la declaración censal en que se contenga la opción y a los sucesivos, en tanto que la entidad no renuncie al régimen.

2. ¿Y cuándo produce efectos la renuncia?

En este caso el Reglamento especifica que la renuncia producirá efectos a partir del periodo impositivo que se inicie con posterioridad a su presentación, que deberá efectuarse con al menos un mes de antelación al inicio de aquél mediante la correspondiente declaración censal.

En resumen, las entidades sin fines lucrativos que cumplen con los requisitos establecidos en la Ley 49/2002, de 23 de diciembre, pueden beneficiarse de un régimen fiscal especial que incluye exenciones significativas y un tipo reducido del 10 % para las rentas no exentas.

El régimen fiscal de las fundaciones que no reúnen los requisitos de la Ley 49/2002, de 23 de diciembre

El artículo 109 de la Ley 27/2014, de 27 de noviembre, del Impuesto sobre Sociedades (LIS), en cuanto al ámbito de aplicación, dispone que el **régimen de entidades parcialmente exentas** se aplicará a las entidades a que se refiere el artículo 9 de la LIS, apartado 3.

En virtud del mentado artículo 9.3 de la LIS podemos señalar que se encuentran parcialmente exentas del Impuesto sobre Sociedades, entre otras, las entidades e instituciones sin ánimo de lucro no incluidas en el artículo 9.2 de la LIS, es decir, las entidades sin ánimo de lucro a las que no resulta de aplicación el título II de la Ley 49/2002, de 23 de diciembre.

En conclusión, las fundaciones que no reúnan las condiciones de la Ley 49/2002, de 23 de diciembre, podrán acogerse al régimen fiscal que se recoge en los artículos 109 y siguientes de la LIS para las entidades parcialmente exentas.

El art. 110 de la LIS concreta las rentas que estarán exentas, enumerando 3 tipos de rentas que estarán exentas cuando las obtengan estas entidades:

a) Las que **procedan de la realización de actividades que constituyan su objeto o finalidad específica**, siempre que no tengan la consideración de actividades económicas. En particular, estarán exentas las cuotas satisfechas por los asociados, colaboradores o benefactores, siempre que no se correspondan con el derecho a percibir una prestación derivada de una actividad económica.

b) Las **derivadas de adquisiciones y de transmisiones a título lucrativo**, siempre que unas y otras se obtengan o realicen en cumplimiento de su objeto o finalidad específica.

c) Las que se pongan de manifiesto en la **transmisión onerosa de bienes afectos a la realización del objeto,** cuando el total producto obtenido se destine a **nuevas inversiones** en elementos del inmovilizado relacionadas con dicho objeto o finalidad específica. El plazo para realizar estas nuevas inversiones será el comprendido entre el año anterior a la fecha de la entrega o puesta a disposición del elemento patrimonial y los 3 años posteriores. Además, la LIS también contempla otro plazo de 7 años durante el cual deberá mantenerse en el patrimonio de la entidad, salvo que su vida útil fuese inferior.

Si no se realizase la inversión dentro del plazo señalado, la parte de cuota íntegra correspondiente a la renta obtenida se ingresará, además de los intereses de demora, conjuntamente con la cuota correspondiente al período impositivo en que venció aquel.

La transmisión de los elementos antes del término del plazo anterior determinará la integración en la base imponible de la parte de renta no gravada, salvo que el importe obtenido sea objeto de una nueva reinversión.

Esta exención no alcanzará a los rendimientos de actividades económicas, ni a las rentas derivadas del patrimonio, ni a las rentas obtenidas en transmisiones, distintas de las señaladas en él.

A modo de resumen podemos citar a la Dirección General de Tributos, que en reiteradas ocasiones, véase, como ejemplo, la **consulta vinculante (V0054-25), de 3 de febrero de 2025,** concluye que: «*En definitiva, las rentas obtenidas por la consultante **estarán exentas siempre que procedan de la realización de su objeto o finalidad específica y no deriven del ejercicio de una actividad económica**. No obstante, si la asociación realiza actividades que determinasen la existencia de una actividad económica, en los términos definidos en el artículo 5.1 de la LIS, las rentas procedentes de tales actividades estarían sujetas y no exentas, tanto si las operaciones se realizasen con terceros ajenos a la asociación como con los propios asociados*».

|| Determinación de la base imponible

Para la determinación de la base imponible de las entidades parcialmente exentas, el **art. 111 de la LIS** dispone que la misma se determinará aplicando las normas del título IV de la LIS, que es el que se dedica al cálculo de la base imponible en general.

Además, este artículo también contiene una referencia al artículo 15 de la norma de referencia en lo que a los gastos que no tienen la consideración de fiscalmente deducibles se refiere. En este sentido señala que no tendrán la consideración de gastos fiscalmente deducibles los recogidos en el artículo 15 de la LIS, y además añade los dos siguientes:

- **Los gastos imputables exclusivamente a las rentas exentas**. En el caso de gastos parcialmente imputables a las rentas no exentas serán deducibles en el porcentaje que representen los ingresos obtenidos en el ejercicio de actividades económicas respecto de los ingresos totales de la entidad.

- **Las cantidades que constituyan aplicación de resultados** y, en particular, de los que se destinen exclusivamente al sostenimiento de las actividades exentas que constituyan su objeto o finalidad específica, siempre que no se consideren actividades económicas.

JURISPRUDENCIA

Sentencia del Tribunal Supremo n.º 412/2021, de 23 de marzo, ECLI:ES:TS:2021:1206

Asunto: El cumplimiento de los requisitos para la aplicación de regímenes especiales se llevará a cabo mediante un procedimiento inspector llevado a cabo por un órgano de inspección y no por uno de gestión tributaria.

«Cabe establecer, como doctrina jurisprudencial, que conforme a una interpretación gramatical y sistemática del artículo 141.e) LGT, las actuaciones que se sigan para comprobar el cumplimiento de los requisitos exigidos para la aplicación de regímenes tributarios especiales, como es el que se prevé, en el caso enjuiciado, para los colegios profesionales, en su carácter de entidades parcialmente exentas -y, por ende, a las que se asigna un régimen fiscal especial-, han de ser actuaciones inspectoras y seguirse, necesariamente, por los órganos competentes, a través del procedimiento inspector.

A ello debe añadirse que, conforme a la muy reiterada doctrina de esta Sala Tercera, precisamente acuñada en relación con la aplicación indebida del procedimiento de comprobación limitada, la selección por la Administración, para el ejercicio de sus facultades, de un procedimiento distinto al legalmente debido, conduce a la nulidad de pleno derecho de los actos administrativos -en este caso de liquidación- que les pongan fin, por razón de lo estatuido en el artículo 217.1.e) de la LGT, en relación con sus concordantes de la legislación administrativa general.

Es de aclarar, además, que la vigente LIS de 2014 regula en idénticos términos las entidades parcialmente exentas, incluyendo entre ellas los colegios profesionales (art. 9.3) y regulando para ellas, en los artículos 109 a 111 LIS, el régimen de la exención, su alcance objetivo y su exclusión, en iguales términos que en el TRLIS de 2004».

3.2. Impuesto sobre el Valor Añadido

Fundaciones: las especialidades de su tributación en el IVA

A la hora de analizar como tributan las fundaciones en el caso del IVA hay que partir de que el apartado 1 del artículo 4 de la LIVA señala que «*estarán sujetas al impuesto las entregas de bienes y prestaciones de servicios realizadas en el ámbito espacial del impuesto por empresarios o profesionales a título oneroso, con carácter habitual u ocasional, en el desarrollo de su actividad empresarial o profesional, incluso si se efectúan en favor de los propios socios, asociados, miembros o partícipes de las entidades que las realicen*», y añade en su apartado tercero que «*la sujeción al impuesto se produce con independencia de los fines o resultados perseguidos en la actividad empresarial o profesional o en cada operación en particular*».

Por otra parte, el **artículo 5 de la citada LIVA** nos da la definición de lo que se entiende por empresario o profesional, que incluye, entre otros, a las personas o entidades que realicen las actividades empresariales o profesionales, excluyendo a quienes realicen exclusivamente entregas de bienes o prestaciones de servicios a título gratuito. A estos efectos se entiende que son actividades empresariales o profesionales las que impliquen la ordenación por cuenta propia de factores de producción materiales y humanos o de uno de ellos, con la finalidad de intervenir en la producción o distribución de bienes o servicios.

Estos preceptos de aplicación general resultan también aplicables a las fundaciones, que tendrán la consideración de empresarios a efectos del IVA cuando ordenen un conjunto de medios personales y materiales, con independencia y bajo su responsabilidad, para desarrollar una actividad empresarial mediante la realización continuada, a título oneroso, de entregas de bienes o prestaciones de servicios, asumiendo el riesgo y ventura que pueda producirse en el desarrollo de tal actividad [consulta vinculante de la Dirección General de Tributos (V0266-25), de 6 de marzo de 2025].

Sin embargo, hay que entrar a valorar las distintas especialidades que presentan las entidades sin fines lucrativos, entre las que se encuentran las fundaciones. El artículo 20 de la LIVA regula las exenciones del impuesto en operaciones interiores, incluyendo aquellas que pueden disfrutar las fundaciones en el ámbito del IVA que se circunscriben principalmente a las operaciones de servicios. Estas exenciones benefician a los destinatarios de las actividades de la fundación, ya que se evitan el tener que pagar el IVA por los servicios recibidos. Podemos citar aquí las siguientes:

- **Exención del artículo 20.Uno.8.º de la LIVA**: Se encuentras exentas del IVA las prestaciones de servicios de asistencia social efectuadas por entidades de Derecho Público o entidades o establecimientos privados de carácter social, y que se dediquen a:

  » Protección de la infancia y de la juventud.

  » Asistencia a la tercera edad.

  » Educación especial y asistencia a personas con discapacidad.

  » Asistencia a minorías étnicas.

  » Asistencia a refugiados y asilados.

  » Asistencia a transeúntes.

  » Asistencia a personas con cargas familiares no compartidas.

  » Acción social comunitaria y familiar.

  » Asistencia a ex-reclusos.

  » Reinserción social y prevención de la delincuencia.

  » Asistencia a alcohólicos y toxicómanos.

  » Cooperación para el desarrollo.

La propia LIVA especifica que esta exención incluye la prestación de los servicios de alimentación, alojamiento o transporte accesorios de los anteriores, prestados por estos establecimientos o entidades, ya sea con medios propios o ajenos.

A estos efectos, cabe recordar que, como afirma la **Dirección General de Tributos en su consulta vinculante (V2013-24), de 23 de septiem-**

bre de 2024, en virtud de lo expuesto en el informe de la Secretaría de Estado de 25 de marzo de 2014, se entiende por **asistencia social** aquel conjunto de **acciones y actividades que desarrolla el sector público o entidades o personas privadas fuera del marco de la Seguridad Social**, destinando medios económicos, personales y organizativos para **atender situaciones de necesidad y otras carencias de determinados colectivos** de personas en situación de vulnerabilidad o riesgo de exclusión social o de otras personas que presenten necesidades sociales similares que requieran asistencia.

- **Exención del artículo 20.Uno.12.º de la LIVA.** También estarán exentas las prestaciones de servicios y las entregas de bienes accesorias a las mismas efectuadas directamente a sus miembros por organismos o entidades legalmente reconocidos que no tengan finalidad lucrativa, cuyos objetivos sean de naturaleza política, sindical, religiosa, patriótica, filantrópica o cívica, realizadas para la consecución de sus finalidades específicas, siempre que no perciban de los beneficiarios de tales operaciones contraprestación alguna distinta de las cotizaciones fijadas en sus estatutos. Esta exención queda condicionada a que no sea susceptible de producir distorsiones de competencia.

- **Exención del artículo 20.Uno.13.º de la LIVA.** Otro ejemplo de exención lo encontramos en los servicios prestados a personas físicas que practiquen el deporte o la educación física, cualquiera que sea la persona o entidad a cuyo cargo se realice la prestación, siempre que estos servicios se relacionen directamente con dichas prácticas y sean prestados por las siguientes personas o entidades:

  » Entidades de derecho público.

  » Federaciones deportivas.

  » Comité Olímpico Español.

  » Comité Paralímpico Español.

  » Entidades o establecimientos deportivos privados de carácter social.

- **Exención del artículo 20.Uno.14.º de la LIVA.** Otra exención la encontramos en las siguientes prestaciones de servicios cuando sean efectuadas por entidades de Derecho público o por entidades o establecimientos culturales privados de carácter social:

  » Las propias de bibliotecas, archivos y centros de documentación.

  » Las visitas a museos, galerías de arte, pinacotecas, monumentos, lugares históricos, jardines botánicos, parques zoológicos y parques naturales y otros espacios naturales protegidos de características similares.

  » Las representaciones teatrales, musicales, coreográficas, audiovisuales y cinematográficas.

  » La organización de exposiciones y manifestaciones similares.

CUESTIÓN

¿Qué se entiende por entidad o establecimiento de carácter social?

El artículo 20 de la LIVA en su apartado tercero señala que a estos efectos se considerarán entidades o establecimientos de carácter social aquellos que reúnan los siguientes requisitos:

«1.º Carecer de finalidad lucrativa y dedicar, en su caso, los beneficios eventualmente obtenidos al desarrollo de actividades exentas de idéntica naturaleza.

2.º Los cargos de presidente, patrono o representante legal deberán ser gratuitos y carecer de interés en los resultados económicos de la explotación por sí mismos o a través de persona interpuesta.

3.º Los socios, comuneros o partícipes de las entidades o establecimientos y sus cónyuges o parientes consanguíneos, hasta el segundo grado inclusive, no podrán ser destinatarios principales de las operaciones exentas ni gozar de condiciones especiales en la prestación de los servicios.

Este requisito no se aplicará cuando se trate de las prestaciones de servicios a que se refiere el apartado Uno, números 8.º y 13.º, de este artículo.

Las entidades que cumplan los requisitos anteriores podrán solicitar de la Administración tributaria su calificación como entidades o establecimientos privados de carácter social en las condiciones, términos y requisitos que se determinen reglamentariamente. La eficacia de dicha calificación, que será vinculante para la Administración, quedará subordinada, en todo caso, a la subsistencia de las condiciones y requisitos que, según lo dispuesto en esta Ley, fundamentan la exención.

Las exenciones correspondientes a los servicios prestados por entidades o establecimientos de carácter social que reúnan los requisitos anteriores se aplicarán con independencia de la obtención de la calificación a que se refiere el párrafo anterior, siempre que se cumplan las condiciones que resulten aplicables en cada caso».

> **A TENER EN CUENTA**. Atendiendo al artículo 6 del RIVA, la calificación como entidad o establecimiento privado de carácter social podrá obtenerse mediante solicitud a la AEAT, dirigida a la delegación o administración de la misma, en cuya circunscripción territorial esté situado su domicilio fiscal. En cualquier caso, las exenciones correspondientes a los servicios prestados por entidades o establecimientos de carácter social se aplicarán siempre que se cumplan los requisitos que se establecen en el artículo 20.Tres de la LIVA, con independencia del momento en que, en su caso, se obtenga su calificación como tales conforme a lo anterior.

Conforme a lo expuesto podemos concluir que **las fundaciones se encuentran sujetas a IVA cuando tengan la consideración de empresarios a sus efectos, si bien algunos de los servicios que prestan se encuentran excluidos de tributación en virtud del artículo 20 de la LIVA. Cuando las actividades prestadas no se encuentren incluidas en las exclusiones del artículo 20 de la LIVA se tratarán como operaciones sujetas y no exentas de IVA.**

CUESTIONES

1. Una fundación vende lotería con recargo para financiar sus actividades. ¿Esta operación se encuentra sujeta a IVA?

En este caso, tal y como se recoge, por ejemplo, en la consulta vinculante de la Dirección General de Tributos (V0291-09), de 13 de febrero de 2009, o en la consulta vinculante (V0939-15), de 25 de marzo de 2015, hay que diferenciar dos partes:

La participación en la lotería, es decir, la cantidad realmente jugada en el sorteo, que se encuentra exenta del IVA.

El servicio de gestión de venta de la lotería, que estaría sujeto y no exento del IVA, y se le aplicaría el tipo impositivo general del 21 %.

2. ¿Puede una fundación tener la condición de entidad dominante a los efectos de aplicar el régimen especial del grupo de entidades de los artículos 163 quinquies y siguientes de la LIVA?

Sí, tal como ha señalado la DGT en la consulta vinculante (V2143-24), de 8 de octubre de 2024, una fundación que tiene la consideración de empresario o profesional en el IVA puede tener la condición de entidad dominante. Por tanto, cuando se reúnan los requisitos exigidos podrán aplicar el régimen especial del grupo de entidades.

RESOLUCIÓN ADMINISTRATIVA

Consulta vinculante de la Dirección General de Tributos (V2013-24), de 23 de septiembre de 2024

Asunto: Tributación en el IVA de la adjudicación de la gestión de los campamentos de verano realizada por un ayuntamiento a una fundación

«(...) los servicios de campamento prestados por el Ayuntamiento, que de conformidad con el apartado anterior parece que tienen la consideración de servicios de asistencia social, estarán sujetos al Impuesto sobre el Valor Añadido pero exentos en virtud del artículo 20.Uno.8º de la Ley 37/1992. La misma conclusión será de aplicación, en su caso, respecto de los servicios prestados por la fundación al Ayuntamiento.

A estos efectos la fundación deberá tener la consideración de entidad o establecimiento privado de carácter social, a estos efectos podrá solicitar su calificación como entidad o establecimiento privado de carácter social de la Administración tributaria si lo estimara oportuno.

(...)

4.- Por el contrario, en caso de que la fundación no cumpla con los requisitos para tener la consideración de entidad privada de carácter social, no será de aplicación la exención del referido artículo 20.Uno.8.º de la Ley a los servicios que dicha fundación presta al Ayuntamiento, en cuyo caso, tributarán al tipo impositivo del 10 por ciento, cuando se presten en el marco de un programa de asistencia social, en virtud de lo establecido en el artículo 91, apartado Uno.2, número 7º, de la Ley del Impuesto (...)».

3.3. Impuesto sobre Transmisiones Patrimoniales y Actos Jurídicos Documentados

Especialidades de la tributación de las fundaciones en el Impuesto sobre Transmisiones Patrimoniales y Actos Jurídicos Documentados

Las fundaciones en España pueden tributar en el Impuesto sobre Transmisiones Patrimoniales y Actos Jurídicos Documentados (ITPyAJD) bajo diferentes modalidades, dependiendo de la naturaleza de la operación realizada.

Así, hay que recordar que el **artículo 1 del Real Decreto Legislativo 1/1993, de 24 de septiembre de 1993, por el que se aprueba el Texto Refundido de la Ley del Impuesto sobre Transmisiones Patrimoniales y Actos Jurídicos Documentados**, en adelante LITPyAJD, establece que este impuesto grava:

- Las transmisiones patrimoniales onerosas.
- Las operaciones societarias.
- Los actos jurídicos documentados.

Las fundaciones estarán exentas del impuesto en lo que a operaciones societarias se refiere, pudiendo quedar sujetas por los conceptos de transmisiones patrimoniales onerosas y por el de actos jurídicos documentados, dependiendo de la naturaleza de la operación, cuando no se trate de entidades acogidas al régimen especial de la Ley 49/2002, de 23 de diciembre.

Con relación a las **operaciones societarias** cabe destacar que las fundaciones, en virtud de lo dispuesto en el artículo 22 de la LITPyAJD, se encuentran exentas y, por tanto, la operación de constitución de la fundación no tendrá que tributar por este impuesto. Esto se debe a que tal y como recoge el citado artículo a los efectos del impuesto se equiparan las personas jurídicas no societarias que persigan fines lucrativos, y como en este caso las fundaciones no tienen dicho fin lucrativo se encuentran exentas. En este sentido resulta clarificadora la consulta vinculante de la Dirección General de Tributos (V2594-11), de 31 de octubre de 2011, en la que Tributos afirma lo siguiente:

> «El artículo 19.1.1º del texto refundido de la Ley del Impuesto sobre Transmisiones Patrimoniales y Actos Jurídicos Documentados, aprobado por el Real Decreto Legislativo 1/1993, de 24 de septiembre (BOE de 20 de octubre de 1993), dispone que "Son operaciones societarias sujetas: 1.º La constitución, aumento y disminución de capital, fusión, escisión y disolución de sociedades". Así mismo, el artículo 22 del mismo cuerpo legal determina en su número 1º que "A los efectos de este impuesto se equipararán a sociedades: 1.º Las personas jurídicas no societarias que persigan fines lucrativos".
>
> Tratándose las fundaciones de entidades sin fin de lucro, no tienen carácter de sociedades a efectos del Impuesto, por lo que su constitución no podrá gravarse por el Título II de Operaciones Societarias».

Otra exención en este impuesto la encontramos en el **artículo 45.I.A)b) de la LITPyAJD**, que refiriéndose a las **tres modalidades de gravamen**, dispone que estarán exentas del impuesto las entidades sin fines lucrativos a las que se refiere el artículo 2 de la Ley 49/2002, de 23 de diciembre, que incluye expresamente a las fundaciones que reúnan los requisitos del artículo 3 de la Ley 49/2002, de 23 de diciembre. Se exige para la aplicación de esta exención, que se hayan acogido al régimen fiscal especial de la citada Ley 49/2002, de 23 de diciembre. Es decir, se encuentran exentas aquellas fundaciones acogidas al régimen especial de la Ley 49/2002, de 23 de diciembre.

A TENER EN CUENTA. Esta exención no se aplica a las letras de cambio, a los documentos que suplan a éstas o realicen función de giro, ni a escrituras, actas o testimonios notariales gravados por el artículo 31.1 de la LITPyAJD. Tampoco

> se aplicará con respecto a la cuota variable de documentos notariales de AJD en las operaciones en las que el sujeto pasivo se determine en función del párrafo segundo del artículo 29 de la LITPyAJD (cuando se trate de préstamo con garantía hipotecaria), salvo que expresamente se disponga otra cosa (artículo 45.II de la LITPyAJD).

Por tanto, a modo de conclusión, cabe indicar que **en el caso de las operaciones societarias, las fundaciones se encuentran exentas del ITPyAJD, mientras que en las modalidades de transmisiones patrimoniales onerosas y actos jurídicos documentos, sí se verían afectadas por este impuesto salvo que se trate de fundaciones acogidas al régimen fiscal especial de la Ley 49/2002, de 23 de diciembre.**

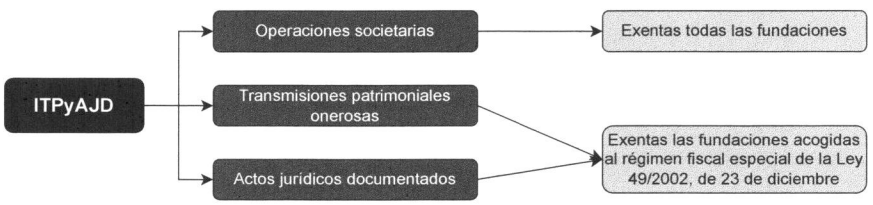

RESOLUCIÓN ADMINISTRATIVA

Consulta vinculante de la Dirección General de Tributos (V1624-15), de 26 de mayo de 2015

Asunto: Tributación de las fundaciones en el ITPyAJD en operaciones a título oneroso y a título lucrativo

«Operación a título oneroso.

(...) la operación no podrá considerarse una operación societaria al tratarse de una entidad sin ánimo de lucro. La entidad podrá quedar sujeta por el concepto de transmisiones patrimoniales onerosas y por el de actos jurídicos documentados.

A este respecto el artículo 7 del TRLITPAJD establece que:

"1. Son transmisiones patrimoniales sujetas:

A) Las transmisiones onerosas por actos inter vivos de toda clase de bienes y derechos que integren el patrimonio de las personas físicas o jurídicas.

(...)

5. No estarán sujetas al concepto de «transmisiones patrimoniales onerosas», regulado en el presente Título, las operaciones enumeradas anteriormente cuando sean realizadas por empresarios o profesionales en el ejercicio de su actividad empresarial o profesional y, en cualquier caso, cuando constituyan entregas de bienes o prestaciones de servicios sujetas al Impuesto sobre el Valor Añadido. No obstante, quedarán sujetas a dicho concepto impositivo las entregas o arrendamientos de bienes inmuebles, así como la constitución y transmisión de derechos reales de uso y disfrute que recaigan sobre los mismos, cuando gocen de exención en el Impuesto sobre el Valor Añadido. También quedarán sujetas las entregas de aquellos inmuebles que estén incluidos en la transmisión de la totalidad de un patrimonio empresarial, cuando por las circunstancias concurrentes la transmisión de este patrimonio no quede sujeta al Impuesto sobre el Valor Añadido.".

Por otra parte el artículo 31.2 del mismo texto legal recoge que:

"2. Las primeras copias de escrituras y actas notariales, cuando tengan por objeto cantidad o cosa valuable, contengan actos o contratos inscribibles en los Registros de la Propiedad, Mercantil y de la Propiedad Industrial y de Bienes Muebles no sujetos al Impuesto sobre Sucesiones y Donaciones o a los conceptos comprendidos en los números 1 y 2 del artículo 1.º de esta Ley, tributarán, además, al tipo de gravamen que, conforme a lo previsto en la Ley 21/2001, de 27 de diciembre, por la que se regulan las medidas fiscales y administrativas del nuevo sistema de financiación de las Comunidades Autónomas de régimen común y Ciudades con Estatuto de Autonomía, haya sido aprobado por la Comunidad Autónoma.

Si la Comunidad Autónoma no hubiese aprobado el tipo a que se refiere el párrafo anterior, se aplicará el 0,50 por 100, en cuanto a tales actos o contratos.".

Por lo tanto la cesión de activos y pasivos realizada por la sociedad limitada no quedará sujeta al Impuesto sobre Transmisiones Patrimoniales y Actos Jurídicos Documentados por el concepto de transmisiones patrimoniales onerosas salvo en el caso de que los inmuebles resultaran exentos o no sujetos; en caso de no quedar sujetos al concepto de transmisiones patrimoniales onerosas, la escritura que recogiera la cesión quedaría sujeta al concepto de actos jurídicos documentados.

Por otra parte, al ser una entidad sin ánimo de lucro, el artículo 45.I. A) b) del TRLITPAJD establece que:

"Los beneficios fiscales aplicables en cada caso a las tres modalidades de gravamen a que se refiere el artículo 1º de la presente Ley serán los siguientes:

I. A) Estarán exentos del impuesto:

(…)

b) Las entidades sin fines lucrativos a que se refiere el artículo 2º de la Ley 49/2002, de 23 de diciembre, de régimen fiscal de las entidades sin fines lucrativos y de los incentivos fiscales al mecenazgo, que se acojan al régimen fiscal especial en la forma prevista en el artículo 14 de dicha Ley.

A la autoliquidación en que se aplique la exención se acompañará la documentación que acredite el derecho a la exención.".

A este respecto, no sólo basta con cumplir los requisitos que establece la Ley 49/2002, además la entidad tiene que haberse acogido al régimen fiscal especial en la forma prevista en el artículo 14 de la Ley 49/2002; habiendo solicitado el certificado correspondiente en la Agencia Estatal de la Administración Tributaria donde radique el domicilio fiscal de la entidad; si esto es así la fundación consultante estará exenta del Impuesto y a la autoliquidación en que se aplique la exención se acompañará la documentación que acredite el derecho a la misma.

Operación a título lucrativo.

Por otra parte, si en la cesión de activos y pasivos no hubiera contraprestación, nos encontraríamos ante una transmisión lucrativa, no onerosa. A este respecto el apartado 2 del artículo 3 de la Ley 29/1987, de 18 de diciembre (BOE de 19 de diciembre), del Impuesto sobre Sucesiones y Donaciones, dispone, en relación con el hecho imponible del impuesto, que "Los incrementos de patrimonio a que se refiere el número anterior, obtenidos por personas jurídicas, no están sujetos a este impuesto y se someterán al Impuesto sobre Sociedades.".

La donación del patrimonio de una sociedad limitada a una fundación no está sujeta al Impuesto sobre Sucesiones y Donaciones, sino al Impuesto sobre Sociedades, puesto que el adquirente es una persona jurídica.

*En cuanto al Impuesto sobre Transmisiones Patrimoniales y Actos Jurídicos Documentados, **la donación tampoco está sujeta a la modalidad de transmisiones patrimoniales onerosas**, precisamente porque se trata de una transmisión lucrativa y no onerosa. **Sin embargo, si en los activos que se traspasan existen bienes inmuebles, como parece ser que va a ocurrir, la escritura pública que formalice la donación de los bienes inmuebles a la fundación consultante sí estará sujeta al gravamen de actos jurídicos documentados**, en la modalidad de documentos notariales.*

*No obstante, de acuerdo con lo previsto en la letra b) del artículo 45.I.A) del texto refundido, si la fundación es una de las entidades sin fines lucrativos a que se refiere el artículo 2 de la Ley 49/2002, y se ha acogido al **régimen fiscal especial** en la forma prevista en el artículo 14 de dicha Ley, estará exenta del Impuesto y a la autoliquidación en que se aplique la exención se acompañará la documentación que acredite el derecho a la misma. En cualquier caso, la escritura pública de formalización de la donación estará sujeta a la cuota fija de la modalidad de actos jurídicos documentados, documentos notariales, de 0,30 euros por pliego o 0,15 euros».*

3.4. Tributos locales

Especialidades de la tributación de las fundaciones en impuestos locales

Las fundaciones en España pueden beneficiarse de ciertas especialidades en la tributación de impuestos locales, siempre y cuando cumplan con los requisitos establecidos en la normativa vigente. A la hora de estudiar estas especialidades nos centraremos en el análisis de tres impuestos:

- El Impuesto sobre Actividades Económicas (IAE).
- Plusvalía municipal o IIVTNU.
- El Impuesto sobre Bienes Inmuebles (IBI).

CUESTIÓN

Si una fundación tiene derecho a la aplicación del régimen fiscal especial en relación con los tributos locales, pero satisface las deudas correspondientes a estos, ¿tiene derecho a la devolución de las cantidades ingresadas?

Sí, y así lo recoge expresamente el artículo 2.5 del Real Decreto 1270/2003, de 10 de octubre, por el que se aprueba el Reglamento para la aplicación del régimen fiscal de las entidades sin fines lucrativos y de los incentivos fiscales al mecenazgo.

3.4.1. IAE

|| El Impuesto sobre Actividades Económicas

El IAE es un tributo directo de carácter real, cuyo hecho imponible está constituido por el mero ejercicio, en territorio nacional, de actividades empresariales, profesionales o artísticas. A estos efectos se consideran actividades empresariales las ganaderas, cuando tengan carácter independiente, las mineras, industriales, comerciales y de servicios.

Por otra parte, dispone el artículo 79 del Real Decreto Legislativo 2/2004, de 5 de marzo, por el que se aprueba el texto refundido de la Ley Reguladora de las Haciendas Locales, que se considera que una actividad se ejerce con carácter empresarial, profesional o artístico cuando suponga la ordenación por cuenta propia de medios de producción y de recursos humanos o de uno de ambos, con la finalidad de intervenir bien en la producción o bien en la distribución de bienes o servicios.

En virtud de lo expuesto, las fundaciones quedan generalmente incluidas dentro del ámbito de aplicación del impuesto, si bien hay que atender a las exenciones establecidas en la ley que conllevan que en la práctica una gran parte de estas fundaciones se encuentren exentas. Dichas exenciones derivan fundamentalmente de:

- El **artículo 82 del RD Legislativo 2/2004, de 5 de marzo**. Además de los supuestos más generales exceptuados de tributar en el IAE, tales como aquellos sujetos pasivos del IS que tengan un importe neto de la cifra de negocios inferior a 1.000.000 €, se regulan otros más concretos, de entre los que podemos destacar:

  » Fundaciones de personas con discapacidad: están exentas del IAE las fundaciones de personas con discapacidad, sin ánimo de lucro, por las actividades de carácter pedagógico, científico, asistenciales y de empleo que realicen para la enseñanza, educación, rehabilitación y tutela de personas con discapacidad. Esta exención se aplica incluso si venden los productos de los talleres dedicados a dichos fines, siempre que el importe de la venta se destine exclusivamente a la adquisición de materias primas o al sostenimiento del establecimiento.

  » Los establecimientos de enseñanza en todos sus grados costeados íntegramente con fondos del Estado, de las comunidades autónomas o de las entidades locales, o por fundaciones declaradas benéficas o de utilidad pública, también están exentos del IAE. Esta exención se mantiene incluso si facilitan a sus alumnos libros o artículos de escritorio o les prestan servicios de media pensión o internado, y aunque vendan productos de los talleres dedicados a dicha enseñanza, siempre que el importe de dicha venta se destine exclusivamente a la adquisición de materias primas o al sostenimiento del establecimiento.

- El **artículo 15 de la Ley 49/2002, de 23 de diciembre**. En este caso se establece que «*las entidades sin fines lucrativos estarán exentas del Impuesto sobre Actividades Económicas por las explotaciones económicas a que se refiere el artículo 7 de esta Ley. No obstante, dichas entidades deberán presentar declaración de alta en la matrícula de este impuesto y declaración de baja en caso de cese en la actividad*». Citando la consulta vinculante de la Dirección General de Tributos (V3122-23), de 1 de enero de 2023, podemos afirmar que «(...) *el régimen* *fiscal especial previsto en la Ley 49/2002 para las entidades sin fines lucrativos solamente se puede aplicar a aquellas entidades sin fines lucrativos relacionadas en el artículo 2, que cumplan los requisitos y supuestos de hecho establecidos en el artículo 3».* La aplicación de esta exención se encuentra condicionada a que las entidades sin fines lucrativos comuniquen al ayuntamiento correspondiente el ejercicio de la opción por el régimen especial (artículo 15.4 de la Ley 49/2002, de 23 de diciembre).

A TENER EN CUENTA. En virtud del artículo 2 del Real Decreto 1270/2003, de 10 de octubre, por el que se aprueba el Reglamento para la aplicación del régimen fiscal de las entidades sin fines lucrativos y los incentivos al mecenazgo, las entidades sin fines lucrativos deberán comunicar el ejercicio de la opción por el régimen especial. En relación con la exención del IAE, esta comunicación se entenderá realizada con la declaración censal regulada en el artículo 1 del citado reglamento. Cabe mentar aquí la STS n.º 835/2020, de 22 de junio, ECLI:ES:TS:2020:1880, en la que se especifica que «(...) debe hacer aparecer en relación con el IAE el Real Decreto 243/1995, de 17 de febrero, por el que se dictan normas para la gestión del IAE. En el artículo 9.1 de dicho Real Decreto se establece que el reconocimiento de los beneficios fiscales (bonificaciones, exenciones, etc.) relativos al IAE ha de solicitarse. Nos hallamos, por tanto, que tratándose del IAE la exención es rogada».

CUESTIÓN

¿Cuáles son las explotaciones económicas a las que se refiere el artículo 7 de la Ley 49/2002, de 23 de diciembre, que se encuentran exentas del IAE?

Las explotaciones económicas a las que se refiere el artículo 7 de la Ley 49/2002, de 23 de diciembre, son:

«1.º Las explotaciones económicas de prestación de servicios de promoción y gestión de la acción social, así como los de asistencia social e inclusión social que se indican a continuación, incluyendo las actividades auxiliares o complementarias de aquellos, como son los servicios accesorios de alimentación, alojamiento o transporte:

a) Protección de la infancia y de la juventud.

b) Asistencia a la tercera edad.

c) Asistencia a personas en riesgo de exclusión o dificultad social o víctimas de malos tratos.

d) Asistencia a personas con discapacidad, incluida la formación ocupacional, la inserción laboral y la explotación de granjas, talleres y centros especiales en los que desarrollen su trabajo.

e) Asistencia a minorías étnicas.

f) Asistencia a refugiados y asilados.

g) Asistencia a emigrantes, inmigrantes y transeúntes.

h) Asistencia a personas con cargas familiares no compartidas.

i) Acción social comunitaria y familiar.

j) Asistencia a exreclusos.

k) Reinserción social y prevención de la delincuencia.

l) Asistencia a alcohólicos y toxicómanos.

m) Cooperación para el desarrollo.

n) Inclusión social de las personas a que se refieren los párrafos anteriores.

ñ) Acciones de inserción sociolaboral de personas en riesgo de exclusión social.

2.° Las explotaciones económicas de prestación de servicios de hospitalización o asistencia sanitaria, incluyendo las actividades auxiliares o complementarias de los mismos, como son la entrega de medicamentos o los servicios accesorios de alimentación, alojamiento y transporte.

3.° Las explotaciones económicas de investigación, desarrollo e innovación, siempre y cuando se trate de actividades definidas con arreglo a lo dispuesto en el artículo 35 de la Ley 27/2014, de 27 de noviembre, del Impuesto sobre Sociedades.

4.° Las explotaciones económicas de los bienes declarados de interés cultural conforme a la normativa del Patrimonio Histórico del Estado y de las Comunidades Autónomas, así como de museos, bibliotecas, archivos y centros de documentación, siempre y cuando se cumplan las exigencias establecidas en dicha normativa, en particular respecto de los deberes de visita y exposición pública de dichos bienes.

5.° Las explotaciones económicas consistentes en la organización de representaciones musicales, coreográficas, teatrales, cinematográficas o circenses.

6.° Las explotaciones económicas de parques y otros espacios naturales protegidos de características similares.

7.° Las explotaciones económicas de enseñanza y de formación profesional, en todos los niveles y grados del sistema educativo, así como las de educación de altas capacidades, las de educación infantil hasta los tres años, incluida la guarda y custodia de niños hasta esa edad, las de educación especial, las de educación compensatoria y las de educación permanente y de adultos, cuando estén exentas del Impuesto sobre el Valor Añadido, así como las explotaciones económicas de alimentación, alojamiento o transporte realizadas por centros docentes y colegios mayores pertenecientes a entidades sin fines lucrativos.

8.° Las explotaciones económicas consistentes en la organización de exposiciones, conferencias, coloquios, cursos o seminarios.

9.° Las explotaciones económicas de elaboración, edición, publicación y venta de libros, revistas, folletos, material audiovisual y material multimedia.

10.° Las explotaciones económicas de prestación de servicios de carácter deportivo a personas físicas que practiquen el deporte o la educación física, siempre que tales servicios estén directamente relacionados con dichas prácticas y con excepción de los servicios relacionados con espectáculos deportivos y de los prestados a deportistas profesionales.

11.° Las explotaciones económicas que tengan un carácter meramente auxiliar o complementario de las explotaciones económicas exentas o de las actividades encaminadas a cumplir los fines estatutarios o el objeto de la entidad sin fines lucrativos.

No se considerará que las explotaciones económicas tienen un carácter meramente auxiliar o complementario cuando el importe neto de la cifra de negocios del ejercicio correspondiente al conjunto de ellas exceda del 20/ % de los ingresos totales de la entidad.

12.° Las explotaciones económicas de escasa relevancia. Se consideran como tales aquellas cuyo importe neto de la cifra de negocios del ejercicio no supere en conjunto 20.000 euros».

RESOLUCIÓN ADMINISTRATIVA

Consulta vinculante de la Dirección General de Tributos (V3196-21), de 23 de diciembre de 2021

Asunto: Sujeción al IAE de las entidades sin ánimo de lucro

«Según el artículo 83 del TRLRHL, "Son sujetos pasivos de este impuesto las personas físicas o jurídicas y las entidades a que se refiere el artículo 35.4 de la Ley 58/2003, de 17 de diciembre, General Tributaria siempre que realicen en territorio nacional cualquiera de las actividades que originan el hecho imponible.".

Por tanto, la entidad consultante está sujeta al IAE en función de las actividades que efectivamente realice, y siempre que estas supongan la ordenación por cuenta propia de medios de producción y/o de recursos humanos con la finalidad de intervenir en la producción o distribución de bienes o servicios.

(...)

Por último, debe indicarse que, dado que en el escrito de consulta se manifiesta que la entidad se encuentra acogida al régimen especial de la Ley 49/2002, de 23 de diciembre, de régimen fiscal de las entidades sin fines lucrativos y de los incentivos fiscales al mecenazgo, podría resultarle de aplicación la exención prevista en el apartado 2 del artículo 15 de dicha ley».

3.4.2. IIVTNU

Plusvalía municipal o Impuesto sobre el Incremento de Valor de los Terrenos de Naturaleza Urbana (IIVTNU)

Tal y como se recoge en el artículo 104 del Real Decreto Legislativo 2/2004, de 5 de marzo, por el que se aprueba el texto refundido de la Ley Reguladora de las Haciendas Locales, el Impuesto sobre el Incremento de Valor de los Terrenos de Naturaleza Urbana es un tributo directo que grava el incremento de valor que experimenten dichos terrenos y se ponga de manifiesto a consecuencia de la transmisión de la propiedad de los terrenos por cualquier título o de la constitución o transmisión de cualquier derecho real de goce, limitativo del dominio, sobre los referidos terrenos. Es decir, para que se produzca el hecho imponible deben darse dos condiciones:

- Que se produzca un incremento de valor de los terrenos de naturaleza urbana en los términos que señala el TRLRHL.

- Que dicho incremento se produzca como consecuencia de una transmisión de tales terrenos, o de la constitución o transmisión de derechos reales sobre los mismos.

Las fundaciones, **cuando sean las obligadas a satisfacer el impuesto**, pueden estar exentas del IIVTNU si se acogen al régimen fiscal especial previsto en la Ley 49/2002, de 23 de diciembre, de régimen fiscal de las entidades sin fines lucrativos y de los incentivos fiscales al mecenazgo. En este sentido el primer párrafo del apartado 3 del artículo 15 de la Ley 49/2002, de 23 de diciembre, dispone:

«Estarán exentos del Impuesto sobre el Incremento de Valor de los Terrenos de Naturaleza Urbana los incrementos correspondientes cuando la obligación legal de satisfacer dicho impuesto recaiga sobre una entidad sin fines lucrativos».

Por otro lado, párrafo segundo del artículo 15.3 de la Ley 49/2002, de 23 de diciembre, contempla otro supuesto relativo a las transmisiones de terrenos o de constitución o transmisión de derechos reales de goce limitativos del dominio sobre los mismos, efectuadas a **título oneroso por una entidad sin fines lucrativos**, condicionando en estos casos la exención a que tales terrenos cumplan, en el momento de devengo del impuesto, los requisitos establecidos para aplicar la exención en el IBI, siendo la exención independiente del destino al que el adquirente adscriba los bienes o derechos.

Para que la exención sea efectiva, la fundación debe haber optado por el régimen fiscal especial mediante la correspondiente declaración censal y cumplir con los requisitos establecidos en la Ley 49/2002. Además, la aplicación de las exenciones en el IIVTNU está condicionada a que las entidades sin fines lucrativos comuniquen al ayuntamiento correspondiente el ejercicio de la opción por el régimen fiscal especial y al cumplimiento de los requisitos y supuestos relativos a dicho régimen. A estos efectos conviene recordar que el artículo 2 del Real Decreto 1270/2003, de 10 de octubre, por el que se aprueba el Reglamento para la aplicación del régimen fiscal de las entidades sin fines lucrativos y los incentivos al mecenazgo, recoge en su apartado segundo que esta comunicación deberá dirigirse al ayuntamiento competente por razón de la localización del bien inmueble de que se trate.

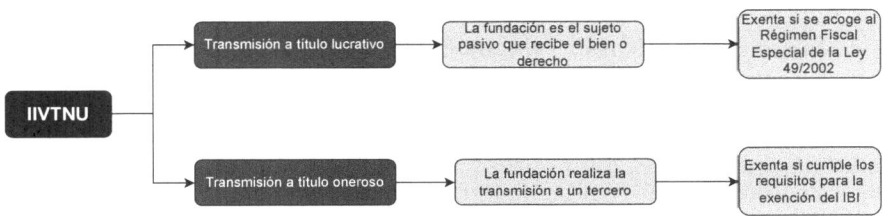

RESOLUCIÓN ADMINISTRATIVA

Consulta vinculante de la Dirección General de Tributos (V1577-24), de 26 de junio de 2024

Asunto: Comunicación al ayuntamiento como requisito de aplicación de la exención

«(...) el régimen fiscal especial previsto en la Ley 49/2002 para las entidades sin fines lucrativos solamente se puede aplicar a aquellas entidades sin fines lucrativos del artículo 2 que hayan optado por dicho régimen a través de la correspondiente declaración censal; la aplicación del régimen fiscal especial estará condicionada al cumplimiento de los requisitos y supuestos de hecho relativos al mismo, que deberán ser probados por la entidad, previéndose para el caso de incumplimiento de los requisitos establecidos en el artículo 3 la obligación de ingresar las cuotas correspondientes que no se ingresaron como consecuencia de la aplicación del régimen especial, junto con los intereses de demora correspondientes, y sin perjuicio de las sanciones que, en su caso, procedan.

(...)

Así, en el caso de adquisiciones a título gratuito por una entidad sin fines lucrativos a la que se aplique el régimen fiscal de la Ley 49/2002, la exención en el IIVTNU es incondicionada.

A su vez, habrá que estar a lo dispuesto en el apartado 4 del artículo 15 de la Ley 49/2002, el cual dispone que:

"4. La aplicación de las exenciones previstas en este artículo estará condicionada a que las entidades sin fines lucrativos comuniquen al ayuntamiento correspondiente el ejercicio de la opción regulada en el apartado 1 del artículo anterior y al cumplimiento de los requisitos y supuestos relativos al régimen fiscal especial regulado en este Título."

*Por tanto, a **la fundación que adquiere la propiedad de los terrenos de naturaleza urbana a título gratuito le resultará de aplicación la exención en el IIVTNU regulada en el apartado 3 del artículo 15 de la Ley 49/2002.***

*No obstante, la aplicación de la presente exención estará **condicionada a que la fundación presente ante el ayuntamiento la comunicación** a que se refiere el apartado 4 del mismo artículo 15 de la Ley 49/2002 y al cumplimiento de los requisitos y supuestos relativos al régimen fiscal especial de las entidades sin fines lucrativos regulado en el Título II de la citada Ley».*

3.4.3. IBI

‖ **El Impuesto sobre Bienes Inmuebles**

El Impuesto sobre Bienes Inmuebles (IBI) es un tributo directo de carácter real que grava el valor de los bienes inmuebles y que se regula en los artículos 60 a 77 del Real Decreto Legislativo 2/2004, de 5 de marzo, por el que se aprueba el texto refundido de la Ley Reguladora de las Haciendas Locales. Si bien en un principio las fundaciones estarán sujetas a la tributación por este impuesto, podrán beneficiarse de determinadas exenciones cuando cumplan los requisitos establecidos para ello.

En cuanto al régimen de exenciones en el IBI, además de las exenciones reguladas en el artículo 62 del TRLRHL, hay que tener en cuenta las establecidas en otras normas con rango de ley. Así, hay que partir de que el apartado 1 del artículo 15 de la Ley 49/2002, de 23 de diciembre, recoge la exención del IBI para aquellos bienes de los que sean titulares las entidades sin fines lucrativos (entre las que podemos encontrar a las fundaciones), cuando estos no están afectos a explotaciones económicas no exentas del Impuesto sobre Sociedades; tal y como aclara la Dirección General de Tributos en su consulta vinculante (V2341-23), de 17 de agosto: «*La excepción a la exención hace referencia a bienes inmuebles de las entidades sin fines lucrativos que están afectos (consecuencia de la ordenación por cuenta propia de medios de producción y de recursos humanos, o de uno de ambos, con la finalidad de intervenir en la producción o distribución de bienes y servicios) al ejercicio, por dichas entidades, de explotaciones económicas no exentas del Impuesto sobre Sociedades, por cuyo rendimiento las mismas tendrán que tributar conforme a los artículos 8 y siguientes de la Ley 49/2002*».

Por su parte, el apartado 4 del artículo 15 de la citada Ley, condiciona la aplicación de esta exención a que las entidades sin fines lucrativos comuniquen al ayuntamiento correspondiente el ejercicio de la opción por el régimen fiscal especial, y a que cumplan los requisitos para poder optar al mismo.

Por tanto, para que una fundación pueda estar exenta del IBI debe de cumplir con los siguientes requisitos:

- Debe ser una entidad sin fines lucrativos según el artículo 2 de la Ley 49/2002, de 23 de diciembre.
- Debe cumplir con los requisitos del artículo 3 de la Ley 49/2002, de 23 de diciembre, y demás exigibles para la aplicación del régimen fiscal especial.
- Debe haber optado por la aplicación del régimen fiscal especial mediante la presentación de la correspondiente declaración censal ante la Agencia Estatal de Administración Tributaria (AEAT).
- Los bienes inmuebles deben estar afectos a actividades exentas del Impuesto sobre Sociedades, ya sea por generar rentas exentas del artículo 6 de la Ley 49/2002, de 23 de diciembre, o por considerarse explotaciones económicas exentas en el artículo 7 del mismo texto legal.
- La fundación debe comunicar al ayuntamiento competente el ejercicio de la opción por el régimen fiscal especial de la Ley 49/2002, de 23 de diciembre. El artículo 2 del Real Decreto 1270/2003, de 10 de octubre, por el que se aprueba el Reglamento para la aplicación del régimen fiscal de las entidades sin fines lucrativos y de los incentivos fiscales al mecenazgo, dispone que en estos casos la comunicación deberá dirigirse al ayuntamiento competente por razón de la localización del bien inmueble de que se trate.

CUESTIÓN

¿Qué bienes de las fundaciones podrán estar exentos del IBI?

Tal y como concluye la **consulta vinculante de la Dirección General de Tributos (V2784-23), de 13 de octubre de 2023:**

«En consecuencia, están exentos del Impuesto sobre Bienes Inmuebles los siguientes inmuebles de que sean titulares catastrales y sujetos pasivos las entidades sin fines lucrativos:

- los que no estén afectos a explotaciones económicas, y

- los que estén afectos a explotaciones económicas cuyas rentas se encuentren exentas del Impuesto sobre Sociedades en virtud del artículo 7 de la Ley 49/2002. Es decir, que se trate de explotaciones económicas de las comprendidas en la lista cerrada que se contiene en dicho artículo 7, siempre y cuando sean desarrolladas en cumplimento de su objeto o finalidad específica».

JURISPRUDENCIA

Sentencia del Tribunal Supremo n.º 835/2020, de 22 de junio, ECLI:ES:TS:2020:1880

Asunto: efectos reglados de la comunicación al ayuntamiento

*«A la vista de todo ello consideramos: en primer lugar, que lo que está previsto es una **comunicación al Ayuntamiento, que no una solicitud**, para disfrutar de la exención del IBI; en segundo lugar, el ejercicio de la opción por la aplicación del*

régimen fiscal especial de las entidades sin fines lucrativos tiene carácter consti-tutivo, mientras que la comunicación al Ayuntamiento tiene carácter declarativo de una realidad preexistente; en tercer lugar, el Ayuntamiento no tiene competencia ni para la concesión ni para la denegación de la exención; y, en cuarto lugar, la nor-mativa no concreta el modelo de comunicación ni tampoco el plazo para trasladarla al Ayuntamiento.

(...)

La generalidad de la cuestión es notable. Hemos de reformarla y ceñirla al objeto del debate, que no es otro que la exención en un determinado impuesto, el IBI. Y acla-rado ese extremo declaramos que interpretando los artículos 14.1, en relación con el 15.1.y 4, el artículo 15.4 de la Ley 49/2002, de 23 de diciembre, de régimen fiscal de las entidades sin fines lucrativos y de los incentivos fiscales al mecenazgo impone de forma reglada a los Ayuntamientos la aplicación de la exención del Impuesto sobre Bienes Inmuebles de su competencia, a partir de la estricta comunicación al órgano competente, poniendo en conocimiento del Ayuntamiento la opción efec-tiva por la aplicación del régimen fiscal especial previsto para las entidades sin fines lucrativos».

RESOLUCIÓN ADMINISTRATIVA

Consulta vinculante de la Dirección General de Tributos (V2341-23), de 17 de agosto de 2023

Asunto: Requisitos para la aplicación de la exención del IBI

«De acuerdo con lo anterior, para que resulte de aplicación la exención en el IBI prevista en el apartado 1 del artículo 15 de la Ley 49/2002 es necesario que se cum-plan los siguientes requisitos:

- Que se trate de entidades sin fines lucrativos a las que resulte de aplicación el régimen fiscal especial de la Ley 49/2002.

- Que hayan optado por la aplicación de dicho régimen mediante la presentación de la correspondiente declaración censal ante la Agencia Estatal de Administración Tributaria.

- Que se trate de bienes inmuebles cuya titularidad corresponda a la entidad sin fines lucrativos y que no estén afectos a explotaciones económicas no exentas del Impuesto sobre Sociedades.

- Que comunique al Ayuntamiento competente para la exacción del IBI el ejercicio de la opción por este régimen fiscal especial.

Por tanto, para que a la fundación objeto de consulta le resulte de aplicación la exención en el IBI regulada en el apartado 1 del artículo 15 de la Ley 49/2002, deben cumplirse todos los requisitos siguientes:

- Que sea una entidad sin fines lucrativos de las relacionadas en el artículo 2 de la Ley 49/2002.

- Que cumpla los requisitos del artículo 3 de la Ley 49/2002 y los demás exigibles para la aplicación del régimen fiscal especial regulado en dicha ley para las entidades sin fines lucrativos.

- Que haya optado por la aplicación de dicho régimen mediante la presentación de la correspondiente declaración censal ante la Agencia Estatal de Administración Tributaria.

- Que sea titular del derecho de propiedad sobre el bien inmueble objeto del infor-me respecto del cual solicita la exención en el IBI.

- Que dicho bien inmueble no esté afecto a explotaciones económicas no exentas del Impuesto sobre Sociedades realizadas por la propia entidad sin fines lucrativos. Es decir, el bien inmueble debe estar afecto a actividades desarrolladas por la fundación que se consideren exentas del Impuesto sobre Sociedades, bien por generar rentas exentas del artículo 6 de la Ley 49/2002 o por considerarse explotaciones económicas exentas en el artículo 7 del mismo texto legal.

- Que comunique al Ayuntamiento competente para la exacción del IBI el ejercicio de la opción por el régimen fiscal especial de la Ley 49/2002. La exención en el IBI resultará de aplicación a partir del período impositivo que finalice con posterioridad a la fecha de presentación ante el Ayuntamiento de la comunicación del ejercicio de la opción por el régimen fiscal especial de la Ley 49/2002».

4.
INCENTIVOS FISCALES PARA APORTACIONES, DONATIVOS U OTRAS FORMAS DE MECENAZGO EN FAVOR DE FUNDACIONES

Incentivos fiscales para las aportaciones, donativos y otros mecenazgos en favor de fundaciones

El título III de la Ley 49/2002, de 23 de diciembre, se ocupa de regular los incentivos fiscales al mecenazgo. En este título la norma fija beneficios fiscales para los donantes.

En primer lugar, debemos señalar que estos incentivos fiscales serán aplicables a los donativos, donaciones y aportaciones que se hagan **en favor de las siguientes entidades**:

- Entidades sin fines lucrativos a las que sea de aplicación el régimen fiscal establecido en el título II de la Ley 49/2002, de 23 de diciembre, entre las que se encuentran las fundaciones que cumplan los correspondientes requisitos.

- El Estado, las comunidades autónomas, las entidades locales, así como los organismos autónomos del Estado y las entidades autónomas de carácter análogo de las comunidades autónomas y de las entidades locales.

- Las universidades públicas y los colegios mayores adscritos a las mismas.

- El Instituto Cervantes, el Institut Ramon Llull y las demás instituciones con fines análogos de las comunidades autónomas con lengua oficial propia.

- Los organismos públicos de investigación dependientes de la Administración General del Estado.

4.1. Incentivos fiscales para aportaciones y donativos

Incentivos para aportaciones y donativos

Darán **derecho a practicar deducciones** los siguientes donativos, donaciones y aportaciones **irrevocables, puros y simples**:

- Donativos y donaciones dinerarias, de bienes y derechos.
- Cuotas de afiliación a asociaciones que no se correspondan con el derecho a percibir una prestación presente o futura.
- La constitución de un derecho real de usufructo sobre bienes, derechos o valores, realizada sin contraprestación.
- Donativos o donaciones de bienes que formen parte del Patrimonio Histórico Español, que estén inscritos en el Registro general de bienes de interés cultural o incluidos en el Inventario general a que se refiere la Ley del Patrimonio Histórico Español.
- Donativos o donaciones de bienes culturales de calidad garantizada en favor de entidades que persigan entres sus fines la realización de actividades museísticas y el fomento y difusión del patrimonio histórico artístico.
- La cesión de uso de un bien mueble o inmueble, por un tiempo determinado, realizada sin contraprestación. La posibilidad de que este tipo de donativos den lugar a deducción fue incorporada por medio del Real Decreto-ley 6/2023, de 19 de diciembre, con entrada en vigor el 1 de enero de 2024.

Así mismo, darán derecho a deducción los donativos, donaciones y aportaciones aun cuando el **donante o aportante pudiera recibir bienes o servicios**, entregados o prestados por el donatario o beneficiario, de **carácter simbólico**, siempre y cuando el valor de los bienes o servicios recibidos no represente más del 15 % del valor del donativo, donación o aportación y, en todo caso, no supere el importe de 25.000 euros. Esta previsión también fue incorporada por el Real Decreto-ley 6/2023, de 19 de diciembre, con entrada en vigor el 1 de enero de 2024, en respuesta a una solicitud reiterada en el sector; con ello, se consagra en la norma que los donativos, donaciones y aportaciones no pierden su carácter irrevocable, puro y simple cuando el donante perciba una mención honorífica o reconocimiento reputacional carentes de relevancia económica (de forma que no se puedan considerar una contraprestación).

CUESTIÓN

¿Cómo se justifican los donativos, donaciones y aportaciones deducibles?

De conformidad con el artículo 24 de la Ley 49/2002, de 23 de diciembre, la efectividad de los donativos, donaciones y aportaciones deducibles se justificará mediante certificación expedida por la entidad beneficiaria. Ésta deberá remitir a la Administración tributaria, en la forma y con los plazos que se establezcan reglamentariamente, la información sobre las certificaciones expedidas.

La certificación deberá contener, al menos, los siguientes extremos:

- Número de identificación fiscal y los datos de identificación personal del donante y de la entidad donataria.

- Mención expresa de que la entidad donataria se encuentra incluida en las reguladas en el artículo 16 de la Ley 49/2002, de 23 de diciembre.

- Fecha e importe del donativo cuando éste sea dinerario.

- Documento público u otro documento auténtico que acredite la entrega del bien donado cuando no se trate de donativos en dinero.

- Destino que la entidad donataria dará al objeto donado en el cumplimiento de su finalidad específica.

- Mención expresa del carácter irrevocable de la donación, sin perjuicio de lo establecido en las normas imperativas civiles que regulan la revocación de donaciones.

En caso de **revocación de la donación** por alguno de los supuestos contemplados en el Código Civil, el donante ingresará, en el período impositivo en el que dicha revocación se produzca, las cuotas pertinentes a las deducciones aplicadas, sin perjuicio de los intereses de demora que procedan.

La **base de las deducciones** en los supuestos expuestos será:

- Donativos dinerarios: su importe.

- Donativos o donaciones de bienes o derechos: el valor contable que tuviesen en el momento de la transmisión y, en su defecto, el valor determinado conforme a las normas del Impuesto sobre el Patrimonio.

- Constitución de un derecho real de usufructo sobre bien inmueble: importe anual que resulte de aplicar, en cada uno de los períodos impositivos de duración del usufructo, el 2 % al valor catastral, determinándose proporcionalmente al número de días que corresponda en cada período impositivo.

- Constitución de un derecho real de usufructo sobre valores: importe anual de los dividendos o intereses percibidos por el usufructuario en cada uno de los períodos impositivos de duración del usufructo.

- Constitución de un derecho real de usufructo sobre bienes y derechos: importe anual resultante de aplicar el interés legal del dinero de cada ejercicio al valor del usufructo determinado en el momento de su constitución conforme a las normas del ITPyAJD.

- Donativos o donaciones de obras de arte de calidad garantizada y bienes que formen parte del Patrimonio Histórico Español: valoración efectuada por la Junta de Calificación, Valoración y Exportación. En el caso de los bienes culturales que no forman parte del Patrimonio Histórico Español, la Junta valorará, asimismo, la suficiencia de calidad de la obra.

- Cesión de un bien mueble o inmueble: el importe de los gastos soportados por el cedente en relación con tales bienes durante el período de cesión, siempre que tuvieran la consideración de gastos fiscalmente deducibles de haberse cedido de forma onerosa y sean distintos de tributos y de los intereses de los capitales ajenos y demás gastos de financiación, y estén debidamente contabilizados cuando el cedente esté obligado a llevar contabilidad de acuerdo con el Código de Comercio o legislación equivalente.

En cualquier caso, el valor determinado de conformidad con las reglas que hemos señalado tendrá como límite máximo el valor normal en el mercado del bien o derecho en el momento de la transmisión.

4.1.1. En el IRPF

Deducción en el IRPF

El artículo 68.3 de la LIRPF establece en relación con las deducciones por donativos y otras aportaciones:

> «3. Deducciones por donativos y otras aportaciones.
> Los contribuyentes podrán aplicar, en este concepto:
> a) Las deducciones previstas en la Ley 49/2002, de 23 de diciembre, de régimen fiscal de las entidades sin fines lucrativos y de los incentivos fiscales al mecenazgo.
> b) El 10 por ciento de las cantidades donadas a las fundaciones legalmente reconocidas que rindan cuentas al órgano del protectorado correspondiente, así como a las asociaciones declaradas de utilidad pública, no comprendidas en el párrafo anterior.
> c) El 20 por ciento de las cuotas de afiliación y las aportaciones a Partidos Políticos, Federaciones, Coaliciones o Agrupaciones de Electores. La base máxima de esta deducción será de 600 euros anuales y estará constituida por las cuotas de afiliación y aportaciones previstas en la letra a) del apartado Dos del artículo 2 de la Ley Orgánica 8/2007, de 4 de julio, sobre financiación de los partidos políticos».

Del precepto expuesto podemos señalar que respecto de las fundaciones son posibles **dos clases de deducciones**:

- Las establecidas en el artículo 19 de la Ley 49/2002, de 23 de diciembre.
- El 10 % de las cantidades donadas a las fundaciones legalmente reconocidas que rindan cuentas al órgano del protectorado correspondiente, así como a las asociaciones declaradas de utilidad pública, no comprendidas en el apartado anterior.

El artículo 19 de la Ley 49/2002, de 23 de diciembre, establece que los contribuyentes del IRPF tendrán derecho a deducir de la cuota íntegra el resultado de aplicar a la base de la deducción, los siguientes porcentajes:

- Base de deducción de un importe hasta 250 euros se le aplicará un 80 % de deducción.
- Resto de la base de deducción se le aplicará un 40 % de deducción.

En el supuesto de que en los **dos períodos impositivos inmediatos anteriores** se hubieran realizado donativos, donaciones o aportaciones con derecho a deducción en favor de una misma fundación, siendo el importe del presente ejercicio y el del período impositivo anterior, igual o superior, en cada uno de ellos, al del ejercicio inmediato anterior, el porcentaje de deducción aplicable a la base de la deducción en favor de esa misma entidad que exceda de 250 euros será el 45 %.

La base de esta deducción se computará a efectos del límite del 10 % previsto para la base de las deducciones en el artículo 69.1 de la LIRPF.

> **A TENER EN CUENTA.** La Ley de Presupuestos Generales del Estado podrá establecer una relación de **actividades prioritarias de mecenazgo** en el ámbito de los fines de interés general, así como las entidades beneficiarias, según establece el artículo 22 de la Ley 49/2002, de 23 de diciembre. En relación con dichas actividades y entidades, la Ley de Presupuestos Generales del Estado podrá elevar en cinco puntos porcentuales, como máximo, los porcentajes y límites de las deducciones establecidas en el artículo 19 de la Ley 49/2002, de 23 de diciembre.

4.1.2. En el IS

Deducción en el IS

Los sujetos pasivos del IS tendrán derecho a **deducir de la cuota íntegra el 40 %** de la base de la deducción determinada según lo dispuesto en el artículo 18 de la Ley 49/2002, de 23 de diciembre. La cuota íntegra sobre la que se realiza la deducción se corresponde con la minorada en las deducciones y bonificaciones previstas en los capítulos II, III y IV, del título VI de la LIS. Las cantidades correspondientes al período impositivo **no deducidas** podrá aplicarse en las liquidaciones de los **períodos impositivos que concluyan en los 10 años inmediatos y sucesivos** (artículo 20 de la Ley 49/2002, de 23 de diciembre).

Si en los dos **períodos impositivos anteriores** se hubieran realizado donativos, donaciones o aportaciones con derecho a deducción en favor de una misma entidad, siendo el importe del donativo, donación o aportación de este período impositivo y el del período impositivo anterior, por importe igual o superior, en cada uno de ellos, al del período impositivo inmediato anterior, el porcentaje de deducción aplicable a la base de la deducción en favor de esa misma entidad será del 50 %.

La **base de esta deducción no podrá exceder del 15 %** de la base imponible del período impositivo. Las cantidades que excedan de este límite se podrán aplicar en los períodos impositivos que concluyan en los 10 años inmediatos y sucesivos.

> **A TENER EN CUENTA.** La Ley de Presupuestos Generales del Estado podrá establecer una relación de actividades prioritarias de mecenazgo en el ámbito de los fines de interés general, así como las entidades beneficiarias, según establece el artículo 22 de la Ley 49/2002, de 23 de diciembre. En relación con dichas actividades y entidades, la Ley de Presupuestos Generales del Estado podrá elevar en cinco puntos porcentuales, como máximo, los porcentajes y límites de las deducciones establecidas en el artículo 20 de la Ley 49/2002, de 23 de diciembre.

RESOLUCIÓN ADMINISTRATIVA

Consulta vinculante de la Dirección General de Tributos (V2885-21) de 18 de noviembre de 2021

Asunto: Aplicación del tipo de deducción ampliado

«De conformidad con lo expuesto hasta este punto, la consultante tendrá derecho a aplicar la citada deducción en la medida en que las donaciones efectuadas cumplan los requisitos previstos en el artículo 17 de la Ley 49/2002 previamente trascrito, cuestión que este Centro Directivo no entra a valorar en la presente contestación.

En lo que se refiere a la primera cuestión planteada, relativa al porcentaje aplicable por razón de la fidelización de donativos, el artículo 20 de la Ley 49/2002 exige que en los dos períodos impositivos inmediatos anteriores se hubieran realizado donativos, donaciones o aportaciones a favor de una misma entidad por importe igual o superior. Ello supone que en el ejercicio 2021 se deberán tener en cuenta los importes donados en 2020 y 2019, pero también los realizados en el ejercicio 2018, en la medida en que la norma exige que en los dos períodos impositivos inmediatos anteriores se hubieran realizado donativos en favor de una entidad por importe igual o superior al del período impositivo anterior (en este caso, respecto de 2019 habrán de analizarse los donativos efectuados en el ejercicio anterior, 2018).

Por lo tanto, se debe concluir que, si en 2018 no se efectuó donativo alguno por parte de la entidad consultante, no se podría aplicar en el ejercicio 2021 el porcentaje incrementado de deducción previsto en el artículo 20 de la Ley 49/2002 al donativo efectuado en dicho ejercicio.

Respecto a la segunda cuestión planteada, para la aplicación del porcentaje incrementado de deducción en el periodo impositivo 2021, además de lo señalado en la contestación a la pregunta anterior en relación con el ejercicio 2018, resulta necesario que en 2019 y 2020 se hayan efectuado donativos en favor de una misma entidad por importe igual o superior, en cada uno de ellos, al del ejercicio anterior. No se requiere, atendiendo a la literalidad del precepto, que en el año 2021 el importe del donativo supere al del año 2020».

Debemos hacer una referencia especial a las **fundaciones bancarias** para las cuales el artículo 24 de la LIS establece que serán deducibles fiscalmente las cantidades que destinen de sus resultados a la **financiación de obras benéfico-sociales**, de conformidad con las normas por las que se rigen.

Las cantidades asignadas a la obra benéfico-social de las fundaciones bancarias deberán aplicarse, al menos, en un 50 %, en el mismo período impositivo al que corresponda la asignación, o en el inmediato siguiente, a la realización de las inversiones afectas, o a sufragar gastos de sostenimiento de las instituciones o establecimientos acogidas a aquélla.

CUESTIÓN

¿Qué gastos y rentas no se incluirán en la base imponible con respecto a la obra benéfico-social de las fundaciones bancarias?

El artículo 24.3 de la LIS establece que no se integrarán en la base imponible:

– Los gastos de mantenimiento de la obra benéfico-social que se realicen con cargo al fondo de obra social, aun cuando excedieran de las asignaciones efectuadas, sin perjuicio de que tengan la consideración de aplicación de futuras asignaciones. No obstante, dichos gastos serán fiscalmente deducibles cuando, de conformidad con la normativa contable que resulte aplicable, se registren con cargo a la cuenta de pérdidas y ganancias.

– Las rentas derivadas de la transmisión de inversiones afectadas a la obra benéfico-social.

La dotación a la obra benéfico-social realizada por las fundaciones bancarias o, en su caso, los gastos de mantenimiento de la obra benéfico-social que, de acuerdo con la normativa contable que resulte aplicable, se registren con cargo a la cuenta de pérdidas y ganancias, podrán reducir la base imponible de las entidades de crédito en las que participen, en la proporción que los dividendos percibidos de las citadas entidades representen respecto de los ingresos totales de las fundaciones bancarias, hasta el límite máximo de los citados dividendos. Para ello, la fundación bancaria deberá comunicar a la entidad de crédito que hubiera satisfecho los dividendos del importe de la reducción así calculada y la no aplicación de dicha cantidad como partida fiscalmente deducible en su declaración del IS.

En el caso de no aplicación del importe señalado a los fines de su obra benéfico-social, la fundación bancaria deberá comunicar el incumplimiento de la referida finalidad a la entidad de crédito, al objeto de que esta regularice las cantidades indebidamente deducidas.

CUESTIÓN

¿Cómo debe regularizar la situación por la no aplicación del importe a los fines de la obra benéfico-social?

La regularización debe realizarse en los términos que se establecen en el artículo 125.3 de la LIS, el cual señala que el contribuyente deberá ingresar junto con la cuota del período impositivo en que tenga lugar el incumplimiento de los requisitos o condiciones la cuota íntegra o cantidad deducida correspondiente a la exención, deducción o incentivo aplicado en períodos anteriores, además de los intereses de demora.

4.1.3. En el IRNR

Deducción en el IRNR

Los contribuyentes del IRNR que **operen en territorio español sin establecimiento permanente** podrán deducir de la cuota íntegra el resultado de aplicar a la base de la deducción correspondiente al conjunto de donativos, donaciones y aportaciones con derecho a deducción, determinada según lo dispuesto en el artículo 18 de la Ley 49/2002, de 23 de diciembre, la siguiente escala:

• Base de deducción por importe hasta 250 euros, el porcentaje de deducción será del 80 %.

• Resto de la base de deducción, el porcentaje de la deducción será del 40 %.

En caso de que en los **dos períodos impositivos inmediatos anteriores** se hubieran realizado donativos, donaciones o aportaciones con derecho a deducción en favor de una misma entidad, siendo el importe del donativo, donación o aportación de este ejercicio y el del período impositivo anterior, igual o superior, en cada uno de ellos, al del ejercicio inmediato anterior, el porcentaje de deducción en favor de esa misma entidad que excede de 250 euros será el 45 %.

Esta deducción se aplicará en las declaraciones del IRNR por **hechos imponibles acaecidos en el plazo de un año** desde la fecha del donativo, donación o aportación. La **base de esta deducción no podrá exceder del 15 %** de la base imponible del conjunto de las declaraciones presentadas en ese plazo.

Los contribuyentes del IRNR que **operen en territorio español mediante establecimiento permanente** podrán aplicar la deducción establecida para los sujetos pasivos del IS en el artículo 20 de la Ley 49/2002, de 23 de diciembre:

- Tendrán derecho a deducir de la cuota íntegra el 40 % de la base de la deducción. Las cantidades correspondientes al período impositivo no deducidas podrán aplicarse en las liquidaciones de los períodos impositivos que concluyan en los 10 años inmediatos y sucesivos.

- Si en los dos períodos impositivos anteriores se hubieran realizado donativos, donaciones o aportaciones con derecho a deducción en favor de una misma entidad, siendo el importe del donativo, donación o aportación de este período impositivo y el del período impositivo anterior, por importe igual o superior, en cada uno de ellos, al del período impositivo inmediato anterior, el porcentaje de deducción aplicable a la base de la deducción en favor de esa misma entidad será el 50 %.

- La base de esta deducción no podrá exceder del 15 % de la base imponible del período impositivo, pudiendo aplicarse en los períodos impositivos que concluyan en los diez años inmediatos y sucesivos, las cantidades que excedan de este límite.

A TENER EN CUENTA. La Ley de Presupuestos Generales del Estado podrá establecer una relación de **actividades prioritarias de mecenazgo** en el ámbito de los fines de interés general, así como las entidades beneficiarias, según establece el artículo 22 de la Ley 49/2002, de 23 de diciembre. En relación con dichas actividades y entidades, la Ley de Presupuestos Generales del Estado podrá elevar en cinco puntos porcentuales, como máximo, los porcentajes y límites de las deducciones establecidas en el artículo 21 de la Ley 49/2002, de 23 de diciembre (que regula la deducción de la cuota del IRNR).

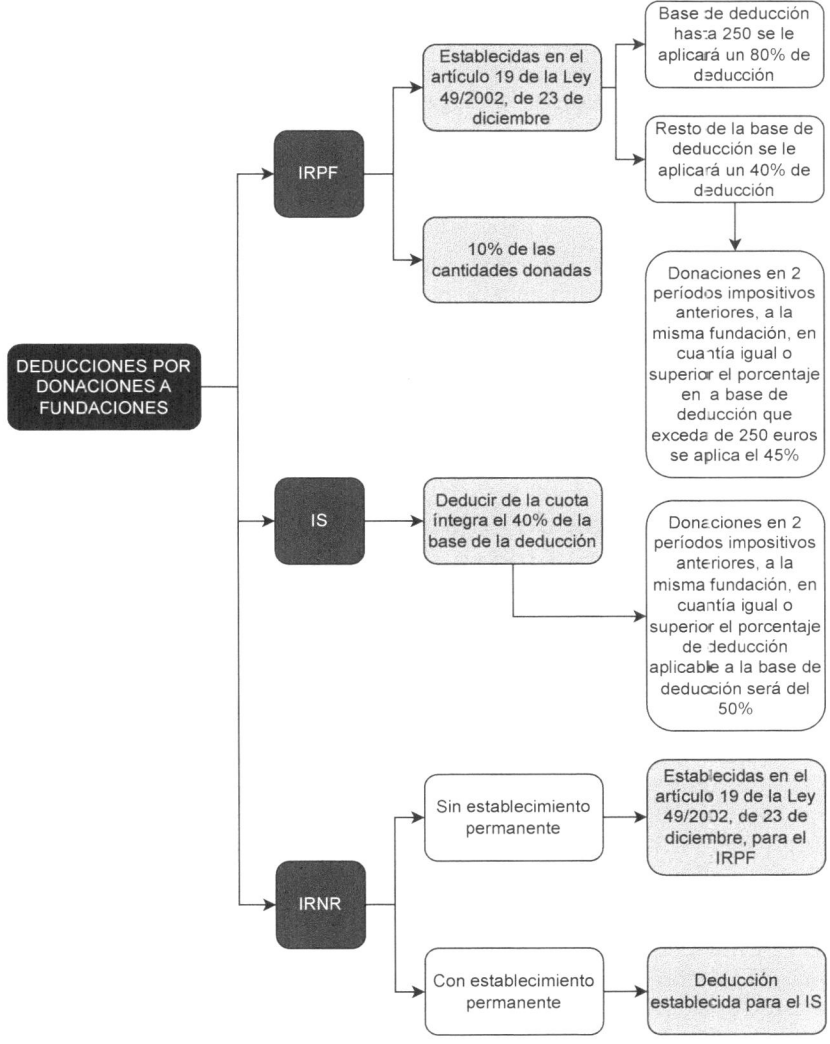

A TENER EN CUENTA. Por Real Decreto-ley 6/2023, de 19 de diciembre, con entrada en vigor el 1 de enero de 2024, se modificaron las cuantías de deducción en el IRPF, IS e IRNR previstas en los artículos 19, 20 y 21 de la Ley 49/2002, de 23 de diciembre. Las cuantías de la regulación anterior eran las siguientes:

- IRPF: la referencia en la base de la deducción se establecía en 150 euros, hasta ese importe se aplicaba un porcentaje de deducción del 35 %, y en el resto de la base de deducción se aplicaba un 35 %. En los supuestos de que se hubieran realizado donaciones a favor de la misma fundación por importe igual o superior, en los dos períodos impositivos inmediatos anteriores, el porcentaje de deducción a la base de deducción que excedía de 150 euros era del 40 %.

- IS: el porcentaje de deducción era del 35 %. En los supuestos de que se hubieran realizado donaciones a favor de la misma fundación por importe igual o superior, en los dos períodos impositivos inmediatos anteriores, el porcentaje de deducción aplicable era del 40 %. La base de la deducción no podía exceder del 10 %.

- IRNR: la base de la deducción para quienes operen en territorio español sin establecimiento permanente no podía exceder del 10 %.

4.2. Incentivos para otras formas de mecenazgo

Convenios de colaboración empresarial en actividades de interés general

El artículo 25 de la Ley 49/2002, de 23 de diciembre, en primer lugar, fija el **concepto de convenio de colaboración empresarial en actividades de interés general**. Este precepto se refiere al convenio por el cual las entidades a las que se refiere el artículo 16 de la Ley 49/2002, de 23 de diciembre, a cambio de una ayuda económica para la realización de las actividades que efectúen en cumplimiento del objeto o finalidad específica de la entidad, ya sea dineraria, en especie o consista en una prestación de servicios realizada en el ejercicio de la actividad económica propia del colaborador, se comprometen por escrito a difundir, por cualquier medio, la participación del colaborador en dichas actividades. Esta difusión podrá ser realizada, asimismo, por el colaborador. Esta difusión no constituye una prestación de servicios.

A TENER EN CUENTA. Las rentas positivas que, en su caso, puedan ponerse de manifiesto con ocasión de las ayudas económicas estarán exentas de los impuestos que graven la renta del colaborador.

Las cantidades satisfechas o los gastos realizados **tendrán la consideración de gastos deducibles** para determinar la base imponible del IS de la entidad colaboradora o del IRNR de los contribuyentes que operen en territorio español mediante establecimiento permanente o el rendimiento neto de la actividad económica de los contribuyentes acogidos al régimen de estimación directa del IRPF.

Este régimen fiscal aplicable a las ayudas económicas en cumplimiento de estos convenios de colaboración será **incompatible con los demás incentivos fiscales** previstos en la Ley 49/2002, de 23 de diciembre.

El ámbito de los convenios de colaboración empresarial en actividades de interés general fue ampliado por el Real Decreto-ley 6/2023, de 19 de diciembre, con entrada en vigor el 1 de enero de 2024 y quedando según acaba de indicarse. Básicamente, con la reforma se incluyeron las prestaciones de servicios realizadas en el ejercicio de la actividad económica propia del colaborador como mecanismo para colaborar con las entidades beneficiarias del mecenazgo; también se incorporaron de manera expresa, por primera vez, las ayudas en especie como mecanismo de colaboración en el marco de estos convenios, aunque dicho mecanismo venía siendo admitido por la doctrina administrativa (introduciéndose la previsión de que las rentas positivas que, en su caso, pudieran ponerse de manifiesto con ocasión de las ayudas económicas mencionadas estarán exentas de los impuestos que graven la renta del colaborador); y se permitió que la difusión pueda ser realizada indistintamente por el colaborador o por las entidades beneficiarias de mecenazgo.

CUESTIÓN

En un convenio de vigencia plurianual en el que la contribución total de la ayuda económica no se realiza en el ejercicio de la firma del convenio, sino que se establece una realización de pagos plurianuales durante la vigencia del mismo, ¿en qué momento sería fiscalmente deducible en el IS?

La respuesta a esta cuestión la encontramos en la **consulta vinculante de la DGT (V1560-23)**, de 6 de junio de 2023, en la que se establece:

«Desde un punto de vista fiscal, dado que la ayuda comprometida por la entidad consultante, en favor de la fundación beneficiaria, no pierde, en ningún caso, su carácter gratuito (la causa del desplazamiento patrimonial sería el animus donandi), el gasto contable registrado contablemente tendría, inicialmente, la consideración de gasto fiscalmente no deducible por aplicación de lo dispuesto en el artículo 15 e) de la LIS, por lo que se practicará el correspondiente ajuste extracontable positivo.

No obstante lo anterior, atendiendo a lo dispuesto en el apartado 2 del artículo 25 de la Ley 49/2002, las cantidades satisfechas en el marco de un convenio de colaboración empresarial tendrán la consideración de gasto fiscalmente deducible en el Impuesto sobre Sociedades de la entidad colaboradora.

Por tanto, el gasto correspondiente a la aportación comprometida, inicialmente registrado, tendrá la consideración de fiscalmente deducible a medida que se vayan satisfaciendo las cantidades pactadas en el marco del referido convenio de colaboración empresarial. En consecuencia, el ajuste extracontable positivo, inicialmente practicado, irá revirtiendo, con signo negativo, a medida que las cantidades comprometidas vayan satisfaciéndose».

Gastos en actividades de interés general

De conformidad con el artículo 26 de la Ley 49/2002, de 23 de diciembre, para la determinación de la base imponible del IS, IRNR de los contribuyentes que operan en territorio español mediante establecimiento permanente o del rendimiento neto de la actividad económica de los contribuyentes acogidos al régimen de estimación directa del IRPF, tendrán la consideración de deducibles los gastos realizados para los fines de interés general establecidos en el artículo 3.1° de la Ley 49/2002, de 23 de diciembre.

Esta deducción será incompatible con los demás incentivos fiscales previstos en la Ley 49/2002, de 23 de diciembre.

Programas de apoyo a acontecimientos de excepcional interés público

Establece el artículo 27 de la Ley 49/2002, de 23 de diciembre, que son programas de apoyo a acontecimientos de excepcional interés público el conjunto de incentivos fiscales específicos aplicables a las **actuaciones que se realicen para asegurar el adecuado desarrollo de los acontecimientos** que, en su caso, se determinen por ley.

La ley que apruebe cada uno de estos programas regulará, al menos, lo siguiente:

- Duración del programa que podrá ser hasta tres años.
- La creación de un consorcio o la designación de un órgano administrativo que se encargue de la ejecución del programa y que certifique la adecuación de los gastos e inversiones realizadas a los objetivos y planes del mismo.

CUESTIÓN

¿Quién debe estar representado en el consorcio u órgano?

Estarán representadas, necesariamente, las Administraciones públicas interesadas en el acontecimiento y, en todo caso, el Ministerio de Hacienda. En la emisión de la certificación será necesario el voto favorable del Ministerio de Hacienda.

- Las líneas básicas de las actuaciones que se vayan a organizar en apoyo del acontecimiento, sin perjuicio de su desarrollo posterior por el consorcio o por el órgano administrativo correspondiente en planes y programas de actividades específicas.
- Los beneficios fiscales aplicables a las actuaciones.

Los **beneficios fiscales** en cada programa serán como máximo:

- Los sujetos pasivos del IS, contribuyentes del IRPF que realicen actividades económicas en régimen de estimación directa y los contribuyentes del IRNR que operen en territorio español mediante establecimiento permanente que, en cumplimiento de los planes y programas de actividades establecidos por el consorcio o por el órgano administrativo correspondiente, realicen en la **propaganda y publicidad de proyección plurianual** que sirvan directamente para la promoción del respectivo acontecimiento:

  » Podrán deducir de la cuota íntegra del impuesto el 15 % de los gastos

» El importe de la deducción no puede exceder del 90 % de las donaciones efectuadas al consorcio, entidades de titularidad pública o entidades sin fines de lucro, encargadas de la realización de programas y actividades relacionadas con el acontecimiento.

» De aplicarse esta deducción, dichas donaciones no podrán acogerse a cualquiera de los incentivos fiscales de los previstos en la Ley 49/2002, de 23 de diciembre.

» Cuando el contenido del soporte publicitario se refiera de modo esencial a la divulgación del acontecimiento, la base de la deducción será el importe total del gasto realizado. En caso contrario, la base de la deducción será el 25 % de dicho gasto.

» Esta deducción se computará conjuntamente con las reguladas en el capítulo IV del título VI de la LIS a los efectos establecidos en el artículo 39 de la LIS.

- Los contribuyentes del IRPF, los sujetos pasivos del IS y los contribuyentes del IRNR que operen en territorio español mediante establecimiento permanente, por las **donaciones y aportaciones** que realicen a favor del consorcio que, en su caso, se cree con arreglo al artículo 27.2 de la Ley 49/2002, de 23 de diciembre:

  » Tendrán derecho, respectivamente, a las deducciones establecidas en los artículos 19, 20 y 21 de la Ley 49/2002, de 23 de diciembre.

  » El régimen de mecenazgo prioritario previsto en el artículo 22 de la Ley 49/2002, de 23 de diciembre, será de aplicación a los programas y actividades relacionados con el acontecimiento, siempre que sean aprobados por el consorcio u órgano administrativo encargado de su ejecución y se realicen por entidades sin fines de lucro del artículo 2 de la misma ley o por el consorcio, elevándose en cinco puntos porcentuales los porcentajes y límites de las deducciones.

- Las transmisiones sujetas al ITPyAJD tendrán una bonificación del 95 % de la cuota cuando los bienes y derecho adquiridos que se destinen, directa y exclusivamente, por el sujeto pasivo a la realización de inversiones con derecho a deducción a que se refiere el punto primero del artículo 27.3 de la Ley 49/2002, de 23 de diciembre.

- Los sujetos pasivos del IAE tendrán una bonificación del 95 % en las cuotas y recargos correspondientes a las actividades de carácter artístico, cultural y científico o deportivo que hayan de tener lugar durante la celebración del respectivo acontecimiento y que se enmarquen en los planes y programas de actividades elaborados por el consorcio o por el órgano administrativo correspondiente.

- Las empresas o entidades que desarrollen los objetivos del respectivo programa tendrán una bonificación del 95 % en todos los impuestos y tasas locales que puedan recaer sobre las operaciones relacionadas exclusivamente con el desarrollo de dicho programa.

A los efectos de los máximos de beneficios fiscales expuestos no resultará de aplicación lo dispuesto en el primer párrafo del apartado 2 del artículo 9 del texto refundido de la Ley Reguladora de las Haciendas Locales

La Administración tributaria será la responsable de comprobar la concurrencia de las circunstancias o requisitos necesarios para la aplicación de los beneficios fiscales, practicando en su caso, la regularización que resulte procedente.

A TENER EN CUENTA. A falta de aprobación de los Presupuestos Generales del Estado para 2025, que son la norma que suele contener la declaración de los programas de apoyo a acontecimientos de excepcional interés público a los que les resultan de aplicación los beneficios del artículo 27 de la Ley 49/2002, de 23 de diciembre, el Real Decreto-ley 8/2025, de 8 de julio, declara diversas iniciativas y programas como acontecimientos de excepcional interés público, con entrada en vigor el 9 de julio de 2025.

CUESTIÓN

Una sociedad tiene intención de suscribir un acuerdo de donación a un acontecimiento de excepcional interés público, con el objeto de promocionarlo mediante anuncios en televisión, radio, prensa escrita, folletos aptos para buzoneo, vallas publicitarias y carteles para la señalización del punto de venta. ¿Cómo se determina la base de la deducción a efectos del artículo 27.3 de la Ley 49/2002, de 23 de diciembre?

La respuesta a esta cuestión podemos encontrarla en la consulta vinculante de la DGT (V2623-11) de 3 de noviembre de 2011, en la cual ha señalado que para determinar la base de la deducción hay de diferenciar:

- Los que se realicen por prensa escrita, radio, televisión, vallas o carteles publicitarios los cuales darán lugar a la aplicación de la deducción del artículo 27.3 punto Primero de la Ley 49/2002, de 23 de diciembre, siempre que tengan carácter plurianual y sirvan directamente para la promoción del acontecimiento porque su contenido favorezca la divulgación de su celebración.

- En cuanto a los gastos de adquisición o producción de los folletos destinados a la entrega gratuita al público en general, darán derecho a la aplicación de la citada deducción siempre que sean de distribución gratuita y sirvan de soporte publicitario al acontecimiento. En ningún caso formarán parte de la base de la deducción los gastos derivados de la distribución de folletos.

En todos los supuestos, la base de deducción será el 100 % o el 25 % del gasto realizado, atendiendo a la calificación emitida por el consorcio, en la que se especificará si el contenido del soporte publicitario se refiere de modo esencial o no, a la divulgación del acontecimiento.

Es importante recordar que para la aplicación de la deducción es condición necesaria la obtención de la certificación del consorcio, así como el reconocimiento previo por parte de la Administración tributaria, quien podrá comprobar el cumplimiento efectivo de los requisitos necesarios, así como la correcta valoración y cuantificación de la base de deducción aplicada.

ANEXO.
CASOS PRÁCTICOS

Caso práctico | Una sociedad que realiza una donación de prestación de servicios, ¿puede deducir el coste en el IS?

PLANTEAMIENTO

Una sociedad se dedica a la producción de conciertos de música cuya asistencia se comercializa a través de plataformas de ventas de entradas en internet. La sociedad pretende donar un número determinado de entradas a una fundación sin coste alguno para ésta con la finalidad de que les den el uso que crean más conveniente.

Se plantea la sociedad si esta donación podría acogerse a la deducción establecida en el artículo 17 de la Ley 49/2002, de 23 de diciembre, y en caso de que esto no fuera posible, si el coste de las entradas sería fiscalmente deducible a los efectos del IS.

RESPUESTA

En el caso que se ha planteado debemos señalar que **no sería aplicable la deducción** del artículo 17 de la ley 49/2002, de 23 de diciembre, ni **tampoco podrá considerarse gasto fiscalmente deducible** conforme a la LIS.

En primer lugar debemos señalar que el artículo 17 de la Ley 49/2002, de 23 de diciembre, establece los donativos, donaciones y aportaciones que dan derecho a practicar las deducciones del título III de la misma ley. Dado que la entrega gratuita de entradas de un concierto no constituye la donación de un bien o derecho sino la **donación de una prestación de servicios**, consistente en la producción de conciertos de música, **no contemplada en el mentado precepto**, la sociedad no podrá acogerse a la deducción del artículo 20 de la Ley 49/2002, de 23 de diciembre

Por cuanto se refiere a la posibilidad de que se considere como gasto fiscalmente deducible, en primer lugar, debemos prestar atención al artículo 15 1.e) de la LIS el cual establece:

> «No tendrán la consideración de gastos fiscalmente deducibles:
> e) Los donativos y liberalidades.
> No se entenderán comprendidos en esta letra e) los gastos por atenciones a clientes o proveedores ni los que con arreglo a los usos y costumbres se efectúen con respecto al personal de la empresa ni los realizados para promocionar, directa o indirectamente, la venta de bienes y prestación de servicios, ni los que se hallen correlacionados con los ingresos.
> No obstante, los gastos por atenciones a clientes o proveedores serán deducibles con el límite del 1 por ciento del importe neto de la cifra de negocios del período impositivo.
> Tampoco se entenderán comprendidos en esta letra e) las retribuciones a los administradores por el desempeño de funciones de alta dirección, u otras funciones derivadas de un contrato de carácter laboral con la entidad».

Teniendo presente el precepto transcrito y que la entrega gratuita de entradas a la fundación **constituye una liberalidad,** resulta claro que los gastos asociados al referido servicio tendrán la consideración de **fiscalmente no deducibles.**

La Dirección General de Tributos se pronunció en este sentido en la **consulta vinculante (V1544-24), de 24 de junio de 2024,** en la que además hizo la siguiente precisión respecto a la sujeción al IVA de la prestación del servicio:

> «De acuerdo con lo anterior, las prestaciones de servicio de acceso a los conciertos que la consultante realiza a las entidades sin ánimo de lucro sin contraprestación, tendrán la consideración, como operación asimilada a una prestación de servicios a título oneroso, de una operación sujeta al Impuesto sobre el Valor Añadido».

Caso práctico | ¿Qué ventajas fiscales tendría por las donaciones en especie hechas a favor de una fundación?

PLANTEAMIENTO

Una fundación se dedica a realizar campañas gratuitas para dar a conocer las necesidades de las entidades sin ánimo de lucro que carecen de recursos para asumir una campaña de publicidad. Para realizar sus actividades la fundación ha contactado con profesionales, agencias y medios de comunicación que aportan de manera gratuita los espacios, servicios y material necesario. En este caso, ¿qué ventajas fiscales tendrían las personas físicas y jurídicas que realizan la donación en especie?

RESPUESTA

En este caso pueden darse varias situaciones:

1. Que firmen convenios de colaboración empresarial

Por medio de estos convenios la fundación se compromete a difundir la participación del colaborador a cambio de la contraprestación que recibe. Debemos atender a lo establecido en el artículo 25 de la Ley 49/2002, de 23 de diciembre, el cual en su redacción la ayuda puede instrumentarse, no solo monetariamente, sino también a través de determinadas retribuciones en especie siempre que se aporten para la realización de las actividades que efectúen en cumplimiento del objeto o finalidad específica de la entidad. En caso de que estas aportaciones en especie contribuyan a la realización del fin de la fundación los correspondientes gastos realizados por la persona colaboradora tendrán la consideración de gastos deducibles para determinar la base imponible del IS, en caso de que el colaborador sea una persona jurídica, o del rendimiento neto del contribuyente acogido al régimen de estimación directa del IRPF, si estamos ante una persona física.

2. Si no existe convenio de colaboración

En este caso la cesión gratuita del uso de espacios a la fundación por tiempo determinado constituye la donación de un derecho de uso, y la aportación del material necesario una donación en especie. Por tanto, en este supuesto resulta de aplicación el artículo 17 de la Ley 49/2002, de 23 de diciembre.

Debemos precisar, de que en el supuesto que estuviéramos ante una donación de servicios, éstas no estarían amparadas en la deducción, dado que lo donado responde realmente al coste por incurrir en prestar el servicio de forma gratuita.

Un ejemplo de aplicación de lo que hemos expuesto se encuentra en la consulta vinculante de la DGT (V2047-17), de 28 de julio de 2017.

Caso práctico | ¿Una fundación puede aplicar la exención del IBI si la comunicación al ayuntamiento se produce una vez devengado el impuesto?

PLANTEAMIENTO

Una fundación se constituyó mediante escritura pública el 30 de diciembre de 2023 y fue inscrita en el Registro de Fundaciones de la Comunidad de Madrid el 5 de enero de 2024. El 10 de enero de 2024 la Fundación comunicó a la Agencia Estatal de la Administración Tributaria (AEAT) su opción por el régimen fiscal especial previsto en la Ley 49/2002, y el 15 de enero de 2024 realizó la misma comunicación al ayuntamiento.

El ayuntamiento giró las liquidaciones del IBI correspondientes al ejercicio 2024 para los inmuebles de la Fundación, sin reconocer la exención del impuesto, argumentando que la Fundación no tenía personalidad jurídica ni estaba inscrita en el Registro de Fundaciones en la fecha de devengo del impuesto, el 1 de enero de 2024.

¿Tiene razón el ayuntamiento al exigir el pago del IBI?

RESPUESTA

No, de acuerdo con la **jurisprudencia establecida por el Tribunal Supremo** en la **sentencia n.º 1241/2022, de 4 de octubre, ECLI:ES:TS:2022:3582**, la exención del IBI para las entidades sin fines lucrativos se aplica desde el periodo impositivo en que se realiza la comunicación de la opción por el régimen fiscal especial al ayuntamiento correspondiente, incluso si dicha comunicación y la inscripción en el Registro de Fundaciones son posteriores al devengo del impuesto.

En este caso, la Fundación comunicó su opción por el régimen fiscal especial al Ayuntamiento el 15 de enero de 2024, dentro del mismo periodo impositivo en que se devengó el IBI (1 de enero de 2024). Por lo tanto, **conforme a la doctrina jurisprudencial, la exención del IBI debe aplicarse a todo el ejercicio 2024, y las liquidaciones giradas por el ayuntamiento deben ser anuladas.**

La mentada sentencia del Tribunal Supremo recuerda que: *«A diferencia del carácter rogado que el Reglamento del IAE, aprobado por Real Decreto 243/1995, de 17 de febrero, por el que se dictan normas para la gestión del IAE (artículo 9.1 de dicho Real Decreto), no existe tal previsión en relación al IBI, ni existe una disposición similar en ninguna otra Ley o Reglamento. Por tanto, en relación con el IBI y, particularmente, en relación con el caso que nos ocupa, el requisito que ha de cumplirse respecto al Ayuntamiento es, simplemente, el de la comunicación de la opción por el régimen especial previsto en el título II, art. 14.1 de la Ley 49/2002, de 23 de diciembre. No nos encontramos ante una exención rogada, sino ante una exención ex lege».*

Además, nuestro Alto Tribunal afirma que:

- Se trata de una comunicación al ayuntamiento, que no una solicitud, para disfrutar de la exención del IBI.

- El ejercicio de la opción por la aplicación del régimen fiscal especial de las entidades sin fines lucrativos tiene carácter constitutivo, mientras que la comunicación al ayuntamiento tiene carácter declarativo de una realidad preexistente.

- El ayuntamiento no tiene competencia ni para la concesión, ni para la denegación de la exención.

- La normativa no concreta el modelo de comunicación ni tampoco el plazo para trasladarla al ayuntamiento.

- Los efectos temporales de la exención se aplican por periodos impositivos completos en los términos del **art. 1.2 del Reglamento para la aplicación del régimen fiscal de entidades sin fines lucrativos y de incentivos al mecenazgo**, y respecto a los impuestos que no tuvieren periodo impositivo, a los hechos imponibles producidos durante el periodo a que se refiere el régimen temporal que, respecto al inicial, comprende todo el periodo impositivo en que se produjo la comunicación censal.

Así, el Tribunal Supremo fija doctrina en el sentido de que *«(...) en el caso de un impuesto como el Impuesto sobre Bienes Inmuebles, que tiene un periodo impositivo que coincide con el año natural, y se devenga el primer día de periodo impositivo (art. 75 TRLHL),* **la declaración censal y acogimiento al régimen fiscal especial surte efecto respecto a todo el periodo impositivo en que se produce la comunicación del régimen fiscal especial al ayuntamiento correspondiente** *(art. 1.2 del Reglamento), y ello aunque la inscripción en el registro especial de entidades sin fines lucrativos como la comunicación al ayuntamiento fueran posteriores al devengo del Impuesto sobre Bienes Inmuebles».*

En conclusión, la Fundación tiene derecho a la exención del IBI para el ejercicio 2024, y el ayuntamiento debe proceder a la anulación de las liquidaciones correspondientes y, en su caso, a la devolución de las cantidades indebidamente ingresadas por la Fundación.

Caso práctico | ¿Una sociedad anónima sin ánimo de lucro puede acogerse al régimen de entidades parcialmente exentas de la LIS?

PLANTEAMIENTO

Una sociedad anónima cuyo objeto es la práctica y fomento del deporte, con carácter estrictamente aficionado, recoge en sus estatutos que se constituye como una sociedad mercantil anónima sin ánimo de lucro, y que los beneficios obtenidos se destinarán a la reserva legal y, si hubiera sobrante, a la reserva estatutaria para cubrir pérdidas o reinvertir en los fines sociales.

A esta sociedad se le reconoció el derecho a la exención establecida en el artículo 20.uno.13.º de la LIVA, relativa a los servicios prestados a personas físicas que practiquen deporte o educación física por entidades deportivas de carácter social.

¿Puede tener la consideración de parcialmente exenta del Impuesto sobre Sociedades al amparo de lo establecido en el artículo 9.3 de la Ley 27/2014, de 27 de noviembre?

RESPUESTA

No, no podrá acogerse al régimen fiscal de las entidades parcialmente exentas al no reunir los requisitos exigidos para ello.

Para determinar si la entidad consultante puede considerarse parcialmente exenta del Impuesto sobre Sociedades, es necesario analizar su situación conforme a la Ley 49/2002, de 23 de diciembre y la Ley 27/2014, de 27 de noviembre.

- Ley 49/2002, de 23 de diciembre, de régimen fiscal de las entidades sin fines lucrativos y de los incentivos al mecenazgo:

La Ley 49/2002, de 23 de diciembre, regula el régimen fiscal de las entidades sin fines lucrativos y los incentivos fiscales al mecenazgo. Según el artículo 2 de esta ley, se consideran entidades sin fines lucrativos, entre otras, las fundaciones, asociaciones declaradas de utilidad pública y federaciones deportivas españolas.

El artículo 3 de la Ley 49/2002, de 23 de diciembre, establece los requisitos que deben cumplir las entidades sin fines lucrativos para aplicar el régimen fiscal regulado en la misma, como perseguir fines de interés general, destinar al menos el 70 % de sus rentas e ingresos a dichos fines, y que los cargos de patrono sean gratuitos, entre otros.

- Ley 27/2014, de 27 de noviembre, del impuesto sobre sociedades (LIS):

El artículo 9 de la LIS, apartado 3, establece que estarán parcialmente exentas del Impuesto sobre Sociedades las entidades e instituciones sin ánimo de lucro no incluidas en el apartado anterior referido precisamente a las entidades acogidas al régimen fiscal especial de la Ley 49/2002, de 23 de diciembre.

La entidad consultante es una sociedad anónima, que según el Texto Refundido de la Ley de Sociedades de Capital, tiene carácter mercantil, independientemente de su objeto social.

Dado que la entidad consultante es una sociedad anónima y no cumple con las formas jurídicas previstas en el artículo 2 de la Ley 49/2002, de 23 de diciembre, no puede ser considerada una entidad sin fines lucrativos a efectos de esta ley. Por lo tanto, no puede aplicar el régimen fiscal de las entidades sin fines lucrativos ni ser beneficiaria del mecenazgo según el artículo 16 de la Ley 49/2002.

Además, al ser una sociedad mercantil, la entidad consultante no puede aplicar el régimen fiscal de las entidades parcialmente exentas establecido en el capítulo XIV del título VII de la LIS.

En conclusión, **la entidad consultante no tiene la consideración de parcialmente exenta del Impuesto sobre Sociedades** conforme al artículo 9.3 de la Ley 27/2014, y **está sujeta al régimen general del Impuesto sobre Sociedades.**

En este sentido se ha pronunciado la **Dirección General de Tributos en su consulta vinculante (V2683-17), de 23 de octubre de 2017**, que concluye en un supuesto como el aquí planteado que estamos ante una entidad sujeta y no exenta del Impuesto sobre Sociedades, que no podrá aplicar el régimen fiscal de las entidades parcialmente exentas.